U0821781

从教书到育人

我的教学心得

黄晓春 ◎ 著

群言出版社
QUNYAN PRESS
· 北 京 ·

图书在版编目（CIP）数据

从教书到育人：我的教学心得 / 黄晓春著 . -- 北京：群言出版社，2021.11
ISBN 978-7-5193-0584-0

Ⅰ. ①从… Ⅱ. ①黄… Ⅲ. ①教学经验－文集 Ⅳ. ①G424.1-53

中国版本图书馆 CIP 数据核字（2021）第 189997 号

责任编辑： 谭　伟　云　霄
封面设计： 李　翔

出版发行： 群言出版社
地　　址： 北京市东城区东厂胡同北巷 1 号（100006）
网　　址： www.qypublish.com（官网书城）
电子信箱： qunyancbs@126.com
联系电话： 010-65267783　65263836
经　　销： 全国新华书店

印　　刷： 北京虎彩文化传播有限公司
版　　次： 2021 年 11 月第 1 版　2021 年 11 月第 1 次印刷
开　　本： 880mm × 1230mm　1/32
印　　张： 8.25
字　　数： 139 千字
书　　号： ISBN 978-7-5193-0584-0
定　　价： 39.00 元

前言

这本书最初的名字是《拾柴记》，因为我爸的读书笔记本就命名为《拾柴记》。无意间看到这三个字时，我一下子想到了自己正在写的一本书：那一篇篇文章，不正是我偶遇的灵感吗？我把这些灵感一个一个“拾起来”，整理成一篇一篇的文章，装到我的文件夹里，就像我小时候扛着粪箕子到处拾柴，把拾到的柴放进去一样，也像爸爸把他的所读所想随时“装”进他的读书笔记本一样。那么，书名取《拾柴记》，既是向爸爸致敬，也透露出了这些文章得来的真实过程，真的挺好！

最后之所以又改成了《从教书到育人》，主要出于对本书内容的考量，书中的所有内容都事关教育，书名为《从教书到育人》，能让正在为教育孩子犯愁的读者们在选书时，看到书名就知道：这才是我需要的一本书。这样就为读者节省了选书的时间。

本书中的内容全部来自真实的生活。

从教近三十年，教过了一茬一茬儿的学生，收获了一茬一茬儿的幸福。遇到了各种各样的学生，也想到了各种解决问题的办法。有些方法自己感觉效果挺好，就整理下来，投稿到杂志社，杂志社的老师们感觉有意思的，就给发表了出来。随着科技的发展，自媒体平台越来越多，我在儿子的帮助下申请了一个微信公众号，并把自己的教育小故事、教学随想、对教育现状的反思等发在微信公众号上。朋友圈里陪着孩子慢慢长大的妈妈们就成了我的忠实粉丝，她们说："黄老师，你更新的速度快一点吧，我们都等着你的教育智慧应对俺家的小神兽呢！"

本来，我的公众号只是我的一个自留地而已，我在这里自娱自乐，同时给年轻的同事提个醒儿，希望他们在教育学生的时候能从容淡定，遵循孩子的年龄特点与身心发展规律，一切以促进孩子成长为出发点，慢慢来，得知道教育长啥样儿！没想到，这些思考对年轻的父母们也很有启发性。既然有用处，那就勤奋点，有时间就写，没时间挤时间也写。

写多了，心就大了——我如果能把文章结集出版，不就惠及更多的人了？

于是，就有了《从教书到育人》这本书。

我把书稿给前辈看，给朋友看，想让他们多提提宝贵意见，他们意见没提，褒奖颇多，令我深受鼓舞。我把他们的话整理了一下，呈献给大家：

作者从教学一线走来，带着对教育事业的挚爱，饱含对学生的深情，坚守一份对教育的执念，通过一个个生动的案例，和我们分享了她在教育孩子方面的经验和思考，以小见大，以浅喻深，彰显教育智慧。

《从教书到育人》道出了广大教育工作者的心声，联系她最后的一篇文章《等待奇迹》不难看出，作者在对待老师与对待学生方面，都是有大格局、大情怀的。她能够立足当下，放眼未来。

她认为：竞争不是儿童的任务。竞争只会让儿童的生命变得单一化。儿童阶段的主要任务是成长，是通过内部建构，把生命变丰满。只有这样，孩子长大成人之后，才能继续保有学习的热情，才能始终积极进取。

她的教育观点，跟全国政协委员、江苏省锡山高级中学唐江澎校长的观点很相似。唐江澎说：好的教育应该是培养终生运动者、责任担当者、问题解决者和优雅生活者，给孩子们健全而优秀的人格，赢得未来的幸福，造福国家社会。他还说：“幼儿园孩子养成整理东西的习惯，远比让他们早识字重要；让孩子们多读书，远比让他们做阅读理解题重要”。

是的，让孩子少刷题，多读书，少比赛，多积累，给孩子的“厚积”留出时间，给孩子的成长留出安静和谐的氛围，当孩子“厚积”的量达到一定程度后，一定会由量变到质变，最终实现厚积薄发的目的。

厚积的过程需要我们有足够的耐心来等待。

作者书中收录的一个个育人小故事，没有教育之术，都是育人之道，有价值，有意义，读起来受益匪浅，值得一读再读。

衷心感谢给予我帮助的各位前辈，各位朋友！

黄晓春

2021 年 6 月

目录

上篇

教学点滴

教育不能承受之痛

为了激励老师们的工作热情，政府部门特别是教育行政部门在每年的教师节总要表彰一部分老师，除教师节的表彰外，一年一度或是数年一度还要进行不同级别不同类型的评模评优及评特（特级教师）活动。这些荣誉，这些功利，已经成了教育界不能承受之痛。

凡是在教学一线的老师们都知道，教学是一种良心活，面对那么多渴求知识的眼睛，没有哪位老师会惜力。所有的教师都是一年忙到头，也辛苦到头。其实，付出了心血与汗水的老师们，本来没想到要用这心血与汗水换荣誉的。但是当这种荣誉在眼前晃悠，而且领导还声称这是对优秀员工的最大奖赏时，每一位辛勤工作的教师都忽然之间有了一种对虚名的渴望。因为每位教师都想让自己的付出得到相应的回报，得到领导的认可，而且他们也确实拥有得到回报与认可的权力。更重要的是每一位辛勤付出的教师都认为自己应该得到这份回报与认可。

当按照一定程序终于产生出“名花之主”时，百分之九十多的老师都会陷入深深的失落之中。

正所谓十年树木，百年树人。当时看着成绩很出色的班级也许是透支了学生智力而取得的虚假“繁荣”，当时成绩平平的班级也许正是为孩子积蓄了一生的能量。所以，对教师们工作成绩的优与劣很难作出精确的量化。教师队伍里的优秀员工就不太容易产生，即使产生了也不大容易服众。因为这不像工厂一样，产品的质量与数量都在那里明摆着，他们的工作结果可以非常明显地而且是在短时间内进行精确量化。既然评出的结果不能给广大教职员工以激励，只会给大家带来不满，只会给教师之间造成一些不和谐音符，那么，教师行业还有必要进行评模评优甚至于评特吗？

事实上，教育不需要这些花里胡哨的东西来点缀，教育本身是打牢根基的事业，要想让地上的枝干枝繁叶茂，必须有教师长期的无私的奉献。而且奉献者必须一直待在地下，并不断地将根往土层更深处扎，以汲取更多的更丰富的营养来供应枝干的生长需要。如果有人非得要给予她什么荣誉，非得要把她的工作情况拿出来“晒”，那么，再粗壮的根也会被折腾得不像个样子，更可怕的是在折腾这一条根的同时，其他的根一定会受到不同程度的伤害，从而影响到这些根汲取营养与输送营养的功能。由此，教师行业里真的不能评什么先进与模范，一旦这样测评教师，把无私的事业弄得功利起来，后果能不糟么？

如果说教育界真的有出类拔萃的人才，那也得是像从前的教育家那样被学生们和广大的老师们自发地推举出来的，而不是由政府部门评出来的。想想以前，不用太往前，只说现代的教育家。我们公认的现代大教育家陶行知、叶圣陶、蔡元培等，请问，政府部门或是教育主管部门给他们颁发了什么优秀教师或是特级教师的荣誉证书了吗？没有！但他们却实实在在成为了历史星空上的恒星，注定要永远闪烁下去。而今我们评出的各级各类的优秀或特级，又有哪一个能像他们那样靠自己的人格魅力和学术水平与日月争辉？评来评去，评得教师们为名利而伤和气，评得教师们为名利而伤脑筋，都为名利伤脑筋去了，谁还为学术伤脑筋呢？学术没人钻研了，教育怎么发展呢？于是乎，教育界的评模评优终于糟蹋了教育，也终于贻误了我们的孩子。

教育一旦与功利扯上关系，教育就失去了她应有的从容。百年树人的教育如果不能从容，受伤害的只能是祖国的未来了。

孩子为什么不快乐

少年不识愁滋味。花季少年本应该无忧无虑享受美好的生命时光，可是我发现，很多孩子过得并不快乐。

他们的不快乐，绝不是“为赋新词强说愁”的无病呻吟，而是源自心灵深处的迷惘。这种迷惘，来自本该初生牛犊不怕虎的年龄，却承受了不该承受的重压，并对此产生了恐惧。

重压，有时来自老师，有时来自家长，有时自来亲朋好友的过度热情。不难分析，各方面的压力，其源头都是孩子的成绩。孩子的成绩是学校评价老师教学水平的一个显性指标，也是被大众公认的评价孩子是否优秀的重要指标。

成绩，可以作为一项评价指标，但不是唯一的，更不是最重要的，最重要的应该是孩子身心健康成长。然而，身心健康成长是隐性的，特别是心理健康，更是隐性中的隐性。人们关注的，一般都是看得见，摸得着的。于是，看得见摸得着的测试成绩就理所当然地被人们关注起来。

所以，孩子的不快乐，首先源自过多的关注。老师关注孩子的成绩，因为这是考查老师教学水平的显性因素；家长关注孩子的成绩，因为孩子的成绩关系到家长的脸面；亲戚邻居也关注孩子的成绩，见到孩子问“考啥样”跟见到单身青年问“有对象了吗”一样热情。

一直生活在众人关注的目光中，孩子肯定压力山大。就像《楚门的世界》中的楚门，一旦得知自己生活在镜头下，便竭尽全力逃离！但是我们的孩子无法逃离这个成绩被众人关注的世界，我们的孩子，特别是成绩不理想的孩子，除了自卑、恐惧、难堪……还会有什么呢？生活被“自卑、恐惧、难堪”这一类的词语所笼罩，还有什么幸福可言呢？

孩子的不快乐，还来自因材施教的无法落实。每一位老师都知道，人生是一场马拉松。是起点与终点均各不相同的“马拉松”！在这场赛事中，孩子开始可能会跑得不是很快，但只要孩子一直不断地跑，在跑的过程中注意保存实力，其结果未必不好。在这场赛事中，开始跑得快的，未必是笑到最后的。正如《龟兔赛跑》的故事一样，跑得快的兔子因为中间停下来休息了，结果失败了；跑得慢的乌龟因为一直不断地爬，爬，爬，毫不懈怠地爬，结果成功了！

在孩子的一生中，老师仅仅是孩子们某一小段路程的陪同者。所以，在自己陪孩子走的这段路上，老师应该本着对孩子一生负责的态度，尽可能多地给他们人文关怀，让孩子既懂得怎么样欣赏鲜花，又懂得如何处理荆棘，同时注意保护孩子的上进心和对未知世界的好奇心，只要孩子一直努力去“跑”，快点慢点都不是什么大事情。

然而，现实却是每位老师都希望在自己陪同的这段路上孩子跑得快些，再快些。如果孩子跑得慢了或是跑不动了，就极其负责地想尽一切办法拽着孩子跑，哪怕孩子已经疲惫不堪。这种生存状态下，孩子还有什么快乐可言呢？

我们知道，个体之间的发展是不均衡的。不同生活环境、性格特点、生理条件的孩子，即使是面对同样的学习内容，以同样的态度、同样的精力和同样的学习时间去学习，取得的学习效果也是不一样的。

所以，有的学生成绩好，有的学生成绩不好，本是很自然的事情。成绩不理想的学生并非个个都不努力。有很多成绩不理想的学生，他们用在学习上的时间及精力甚至更多。可是因为这样或那样的一些原因，他们暂时没有取得好的成绩。这些学生本来就很委屈了，还被教师或家长骂做“笨蛋”，斥为“懒虫”，他们怎么能不更加沮丧、更加灰心呢？谁不想通过自己的努力来改变别人对自己的看法呢？迫切需要帮助和安慰的他们，得到的却是这样不公平的待遇，岂不是雪上加霜？在看重学生成绩的大人们的威压下，在其他人歧视的目光里，他们越来越自卑，越来越不快乐。

请不要用整齐划一的标准去要求所有的孩子，请不要把更多功利性的目标强加给这些稚嫩的生命，请多给孩子一些人文关怀，请多给他们一些理解和支持。要知道，每个孩子都是不一样的，人与人之间是有差异的。更何况，多元智能理论已经指出，人的智能有多种表现形式，不同的个体可能具有不同的智能。

所以，孩子快不快乐，关键在于我们给他们创造什么样的生长环境。教育，要因材施教，让每一个学生都顺其自然地成长。

诚如是，我们的孩子还会不快乐吗？

教育孩子要遵循一致性原则

孩子的成长需要教育。

教育，包括学校教育、家庭教育、社会教育三个方面。这三方面的教育理念必须一致。理念一致了，孩子才有可能形成正确的人生观、价值观，才有可能拥有幸福的人生。也就是说学校、家庭、社会是三位一体的教育。要让孩子拥有一个正确的人生观和价值观，这三个方面必须密切配合，精诚合作。

然而现实生活中，别说学校、家庭、社会三位一体了，有些家庭内部在教育孩子方面分歧都非常大，夫妻二人都做不到“二位一体”。

当孩子犯了原则性的错误，比如孩子偷了人家的东西，比如孩子对长辈态度恶劣。这时候，父母双方一个认为这事事关重大，必须给予惩戒，一个认为小孩子家，没什么大不了的。当一方（比如爸爸）对孩子进行严厉训斥时，另一方（假设是妈妈）一边护着孩子，一边指责对方小题大做。很快爸爸教育孩子的场景就演变成了一场夫妻双方因教育孩子而引发的战争。那么试想一下，孩子这个时候会是怎么样的心情呢？

要么他会很迷惘：我做的到底是对还是错呢？对吧，爸爸为什么要凶神恶煞般对我？不对吧，妈妈为什么那么护着我？我以后到底该怎么做才对呢？孩子的思想在父母的争吵声中，越来越理不清。

要么他很得意：哈哈，妈妈是我的保护伞，只要妈妈在，我就可以任性且放肆啦！

本来，孩子是在一次次犯错又一次次改错中不断成长的，但家长教育理念的不一致导致了孩子不是在混沌中越来越迷惘，就是在娇纵中越来越嚣张。无论是哪一种，对孩子的成长都是有百害而无一利的！

夫妻二人因管教孩子而互掐，受伤的只有孩子，所以，夫妻二人在教育孩子方面，一定要保持高度一致。

在孩子的成长过程中，起重要作用的还有学校。为了孩子的健康成长，教育孩子时，家庭与学校更应保持高度的一致。

然而现实呢？众所周知，家校之间的关系真的是不太和谐。小摩小擦就不必提了，家校双方因教育孩子的问题而闹得沸沸扬扬、尽人皆知的案例已屡见不鲜了。

最常见的案例是教师体罚犯了错误的孩子，家长知道后不依不饶。当然，这里不是说教师体罚孩子是对的。体罚儿童，无论如何都是不对的。比如日照五莲的A老师。她用书本去拍逃课的学生，这种做法肯定是不对的。

被A教师拍过的这两个学生肯定知道老师因为什么拍自己。如果拍疼了的话，也许这两个学生会因为要受到惩罚，以后就不敢逃课了，从此，端正了态度，明辨了是非。（再次强调，体罚虽然有效果，但体罚手段一定要慎用！）

如果学生的家长不认可老师的教育方式，可以私下跟老师交涉，或是跟学校领导交涉，督促老师改进教育教学方法。但无论怎么沟通，家长在自家孩子面前，一定要有一个清醒的认识：你逃课了，违犯了学校的规章制度，你犯错了，必须要改正，以后不能无故旷课！不仅不能无故旷课，其他违法乱纪的事情也不能做，无论学习好坏，我们首先要做一个遵纪守法的公民！

如果事情是这样的，那么，这两个学生肯定知道自己做了错事后，老师也好，爸爸妈妈也罢，谁都不会包容的，老师和爸妈的态度是一致的。错了就是错了，有错，必改！也许，他们以后就不会再逃课了，当他们再有了逃课的想法时，心里一定会有所忌惮了。

如果真是这样，我们的教育就真正在阳光大道上大踏步前进了。如果真是这样，其实是我们孩子之福，国家之幸。

然而现实不是这样。

两个学生的家长决定替自己的孩子出气，他们让管教孩子的老师向自己的孩子道歉，他们让管教学生的教师颜面扫地，他们甚至让替自己管教孩子的教师丢掉了工作。在这场家长与教师的对决中，家长几乎完胜。可悲的是，家长和教师，什么时候成了对决的双方呢？怎么会成为对决的双方呢？

我不是在为A教师鸣不平，她体罚了学生，她犯了错，她该受惩罚，就像那两个逃课的学生一样，逃课了，犯错了，就该受惩罚。

但是——

我们静下心来想一想，为什么要惩罚A教师？因为她体罚了学生，影响了学生的健康成长！于是，家长要为学生讨回公道。请问，对学生来说，“公道”是什么？是在家长及其他成年人的帮助下战胜惩罚过他的教师吗？好像不是。那么，对学生来说，“公道”是什么？

个人认为：对学生来说，“公道”是成年人帮他们练就的一双明辨是非的慧眼，“公道”是成年人为他们营造的有利于他们身心健康成长的自然和社会环境。

那么回过头来再讨论一下：以上事件中的学生家长是否为学生找回了这个“公道”。

我们一起来反思：惩罚A教师的结果是什么呢？

家长完胜，孩子完胜。然后孩子明白了：无论我在学校里犯了多大的错，老师都不能对我怎么样，但凡让我心里不舒服，我就让我的爸爸妈妈替我“修理”这位老师。试问，这样的结果对学生的健康成长有好处吗？

以上举的是A教师的事例，现实生活中，这样的事例俯首皆是，安徽铜陵的一位老师不是因不堪忍受学生家长的侮辱而投河自尽了吗？这位老师是自杀，不会有人为他的死负责。但不可否认，他的死确确实实是因家长与老师之间的矛盾而引起的。

这种家长与老师之间的矛盾或对抗其实就相当于家庭成员在教育孩子问题上的不一致。最终受伤害的只有我们的下一代！比如那个不必为老师的死而负责的学生，他的心里难道不会留下一丝一毫的阴影吗？我想，应该会留下，而且是永久性的。

下一代是什么概念？下一代是祖国的未来，是祖国的希望。鉴于此，家长与老师之间的这种病态关系一定要改变。首先教师要严于律己，不能体罚学生。其次，如果家长质疑老师的教育方式，可以找学校领导或相关部门反应情况。但是，家长也好，教育相关部门也罢，在处理与学生相关的问题时，始终要本着一个原则：要让我们的学生通过这件事明辨是非，一定要把学生的身心健康放在第一位！

孩子身心健康地成长，国家才有希望！

班级管理 or 班级教育

学校的班级工作一直冠之以“管理”之名，我们常挂在嘴边的也是“班级管理”这四个字。学校对于班主任的量化也是根据班主任对班级的管理情况而进行的。但我总感觉，“管理”二字不大适合小学生。对于小学生来说，他们更需要的是教育，而非管理。在小学里，管理即便是有，也应该是相当隐性的一个存在。班主任应该是一位教育者，而非管理者。因为，管理与教育有着本质的区别。

区别之一：目的不同

管理的目的是维持秩序，教育的目的是促其成长。

我们常说，国有国法，家有家规。把这个说法套用在学校，那就是班有班规。无论这个班规合不合理，但是由于这是维持秩序的基础，而且这个被维持的秩序在外观上看起来还是蛮漂亮的，更重要的是，这是学校量化班主任老师的主要依据。所以学生就必须遵守。

教育则不同。因为教育的目的是促其成长，所以教育者所做的一切都是为孩子的发展服务的。

我去年执教的是一年级。这个班里有一个年龄偏小的孩子。因为年龄小，他的接受能力、理解能力、书写能力等都比正常年龄入学的儿童偏弱一些。因此，他的成绩不好是肯定的。一二年级是不留家庭作业的，但课堂作业还是有的。因为他年龄偏小，他的手指骨就更软一些，别的孩子能坚持写十个字，他写三个就累了。怎么办呢？如果从管理的角度考虑，他必须跟大家一样，按时完成课堂作业。但管理是自上而下的强制，一次强制可以，两次可能对他也不会造成多大的伤害，但长期的强制呢？显而易见，长期的强制势必会造成他对知识的厌倦甚至是厌恶，一个孩子一旦失去了对学习的热情，特别是对学习产生了厌恶之情，那后果是相当严重的。如果这个严重的后果是由我而造成的，那我的罪过可就大了。所以，为这个孩子的成长负责，我决定放弃孩子的成绩，保留他对知识的那份渴望，作业写不完就写不完吧。当然，这个决定是跟家长沟通后做出的。这样做的结果是，尽管孩子的成绩不好，一年级上学期的期末测试，全班就他一个人不及格，除他之外，其他孩子都是优秀。但是这孩子在学校里的每一天都很开心。也许有的老师会说，他成绩那么差，他怎么会高兴起来？其实，对于一年级的学生来说，成绩代表什么他根本不知道。成绩差了很丢人这个道理是老师和家长反复地告知以后的结果。最重要的是，孩子的试卷上是不会出现成绩的，只会出现等级。而我在他的试卷上连等级也不写的。对的，给他打个大大的对号，错的评讲以后改正过来就行了。有时，我还会在他修改完毕的试卷上再给得一个大大的优。

随着孩子年龄逐渐增长，他与其他孩子的差别也就慢慢缩小，而他对知识的热情依然很高，所以慢慢地他与其他同学的差距也在逐渐缩小。现在他已经以优秀的成绩完成了二年级的学习任务。

我想，如果我们都能以促进孩子成长为前提，我们的每一个孩子都会按照他自己的生长规律健康快乐地成长的。

因此我一直认为，班主任应该是一个教育者，而非管理者，班主任应该凡事从保护孩子的角度出发，以促进孩子的发展为己任。

区别之二：方法不同

管理的方法是自上而下的强制。教育的方法是启发心智的引导。

班级管理是针对全体学生的，班里的规章制度每一个孩子都必须无条件服从。具有管理理念的人，脑海中一定牢牢记得“纪律是铁”这四个大字。没有铁的纪律，就没有部队的胜利！这是颠扑不破的真理。但真理用错了地方就成了谬误，这“纪律是铁”四个大字用在小学真的不大合适，它会让孩子们生活在压抑之中，受压抑的结果是：要么变得逆来顺受，要么变得异常叛逆。这两种结果都不利于我们国家的和谐与富强。

教育则不同，教育一般都是采用较为温和的方法去引导，引导受教育者自觉自愿地去做或者不去做某种事情。比如让孩子读书这方面，犹太人做得最出色。相传，他们的孩子出生后，在刚刚对外界有感知或记忆的时候，母亲就在书皮上抹上蜂蜜，让孩子知道书是甜的，从而培养幼儿的阅读兴趣。正是由于这样的引导，才使得孩子们打心眼儿里喜欢上了阅读，所以犹太人的年人均读书量位居全世界第一。

孩子们都喜欢看电视剧《家有儿女》，里面有个特调皮的孩子叫刘星。起初，刘星的妈对于刘星用的就是自上而下的管制，动不动就把巴掌高高举起来。组成新的家庭后，刘星的后爸夏东海对刘星用的就是启迪心智的引导。夏东海第一次去给刘星开家长会，那满耳朵里塞的全是刘星的不是。但是在夏东海的教育引导下，刘星的优点慢慢地被挖掘了出来，连刘星自己都很惊讶：原来我竟然也有优点！于是刘星也慢慢找回了自信。其实这也从一个侧面说明刘星的班主任老师没有做好自己的本职工作。我们老百姓有句俗语说：好人不用管，管的无好人。意思是：在人的成长过程中，自上而下的管理一般起不到多大的效果，说不定越管人家的逆反心理越强，结果是越管越糟。而看似波澜不惊的教育引导反倒效果很好。引导好了，他打心眼儿里不愿意去做那些对人对己都不利的事情了，他不就成了不用管的好人了？

所以，管理的理念对于小学生来说真的不是很恰当的，只有教育引导才能真正促进孩子的健康成长。

区别之三：效果不同

管理的效果是立竿见影的，但班级管理的负面效果要大于正面效果，不利于孩子的身心健康发展。

首先，班级管理把班级变成了最年轻的“官僚体系”队伍。在管理理念的支持下，每一个班级其实就是一个很健全的“官僚体系”，在这个“官僚体系”中，充斥着大大小小的“官员”，他们各司其职，在班级管理中起到了不小的作用。为了提前历练孩子，很多家长都希望自己的孩子能成为班级“官僚体系”中的一员。跟班主任特别熟的，有的会明说：给个官当当呗；有的则比较含蓄：让孩子锻炼锻炼吧。其实意思是一样的。

我们一直在批判中国的官本位思想，我想，这种班级管理制度可能就是中国官本位思想的源头之一吧。

其次，班级管理对孩子的个性发展带来了一定的不良影响。

美国前总统尼克松写了一本书，书名为《领袖们》，他说，中国的教育制度为群众提供了很好的教育，但却失去了中国的达尔文和爱因斯坦。

这话说得确实有道理。

管理是针对全体的，是一种对全体的控制。控制过多了势必会压抑孩子的个性，对孩子的创造力造成一定的伤害。个性得不到张扬，创造力受到限制，孩子的发展就会受到禁锢。

说完了管理的弊端，我们再来看教育。教育的效果常常是缓慢的，但往往是标本兼治的。教育针对的是个体，注重的是因材施教。因材施教就会最大限度地张扬孩子的个性，充分激发孩子的想象力与创造力，有了想象力与创造力，孩子未来的发展就会不可限量。每一个孩子都有了不可限量的发展前途，我们国家还会不出现杰出人才吗？

有人说，每个人都有天使的一面，也都有魔鬼的一面，教育的作用就是让他天使的一面发扬光大，并尽量将他魔鬼的一面向天使一面转化。魔鬼是管不住的，所以管理不是好办法，只有教育才能给孩子最有效的帮助。

将启发心智的教育简化为控制行为的管理，将培养个性异化成批量生产，这是当前教育的最大弊端。为了革除这一弊端，作为班主任，我们的角色定位一定得是教育者，而不能是管理者。

教育者意味着要比管理者付出更多的心血，以教育者的身份去处理学生成长过程中所发生的问题，才能真正促进孩子的身心健康成长。

没有尊重就没有教育

一直以来，我们都信奉“没有爱就没有教育”这个观点，但是，多年的教育实践却告诉我，没有尊重就没有教育。作为老师，你可以不喜欢你的学生（老师一定不能让学生知道老师不喜欢他），但你不能不尊重你的学生。尊重，是教育的前提。

约翰·高尔斯华绥说：“人受到震动有种种不同：有的是在脊椎骨上；有的是在神经上；有的是在道德感受上；而最强烈的、最持久的则是在个人尊严上。”

所以，我们在教育学生时，一定要维护学生的尊严，尊重孩子的人格，绝不能伤害孩子的自尊心。

曾听到过这样一个故事：刚时兴易拉罐那阵子，有一青年人坐火车，手里拿着一个未打开的易拉罐，在他的对面，是一对母子，小孩子的手里也拿着一个未启封的易拉罐。过了一会儿，这青年人口渴了，想打开易拉罐喝点饮料，但他左看右看，就是不知道该如何打开它。这时，对面的年轻妈妈对她的孩子说：“乖，妈妈渴了，把饮料递给妈妈吧。”听到这句话，青年人抬起了头。孩子把饮料递给了妈妈。这位母亲接过易拉罐，慢悠悠地找到罐盖处的环，然后穿在食指上，稍微用力一拉，啪，易拉罐被打开了。这位母亲的做法被青年人看得真真切切的，于是他轻松打开了自己的饮料，痛快地喝了起来，而那位母亲只抿了一小口就把饮料放下了。

这位母亲多有智慧啊，她既教会了青年如何打开易拉罐，又保护了青年的自尊心。这才是最成功的教育！

如果我们对学生有足够多的尊重，我们的教育也就能多些这样的智慧，那么我们的孩子在学校的生活就会更加美好了。

十九世纪美国文坛巨匠爱默森说：“教育成功的秘诀在于尊重学生。”

爱默森的这句话让我想起了弘一法师李叔同的一个小故事。弘一法师在出家之前曾做过教师，著名画家丰子恺、著名音乐家刘质平都是他的学生。有一次，李叔同上音乐课，课上有个学生在下面看闲书，另一个学生随地吐痰。李叔同看在眼里，未动声色。下课后，他请来那两位学生，心平气和地对他们说：“下次上课，请不要再看闲书，也不要随地吐痰。”说完他微鞠一躬。两位学生被他这一举动羞得满脸通红，从此把老师的话牢牢记在心上，再未犯过类似的错误。

这就是大师的风范，这就是尊重的力量。

教育的成功是因为为师者尊重学生，教育的失败则往往都是由于为师者尊重的缺失。

那年我教五年级，班里新转来一个女孩儿。为了了解女孩儿的学习现状，来我班的第一节课上，我提了个问题请她来回答。她回答问题时站在那里的样子实在令我不能忍受：重心落在左腿上，右腿懒懒地点在地面上，不停地晃动；头微歪，斜眼看着我，一脸不屑。当然，问题也没回答出来。我强压怒火，声音低而威严地说：“你可以不会回答，但站姿绝对不可以这样！放学后到我办公室去！”

放学后，这个女孩没用我提醒，主动来到了我的办公室。看来，这个女孩本质不坏。

接下来如何进行这场谈话，将直接决定我的教育效果。如果依靠我的威压强迫她改正，那么在我看不见的地方，她一定还是我行我素！要改，就要让她发自内心地认识到那样的站姿确实不雅观，以后自觉主动“洗心革面，永不再犯”。也就是说，我绝不能以单向传输的老师批评为主，而是要想办法触动她的内心，在平等对话的基础上，慢慢让她认识到自己的错误，进而改正错误。

通过谈心，我惊讶地发现：这个孩子根本没有意识到她那样的站姿是对对方的不尊重，更不知道那种站姿属于“二流子站姿”。上了五年学了，第一次有人告诉她，作为一名知书达理的女孩儿，绝对不能那样站！

我告诉她，不知者不为过。现在，黄老师已经让她明白，一个高素质女孩的举止应该是怎样的了，那么，从现在起，她要再犯类似的错误，那就是明知故犯了，明知故犯，罪加一等，黄老师绝不轻饶！

女孩属于冰雪聪明的那一类，老师对她行为的规范完全是为她好，她心里明镜儿似的，所以，自那以后，女孩儿再也没犯过类似的错误，成绩也逐步提升。到小学毕业时，她已跻身于我们班优秀学生行列了。

试想，如果我没有压住火，直接在课堂上当着所有学生的面，对这个孩子大加斥责，让这个女孩在刚进入这个集体时就颜面扫地，后果会是什么样子呢？

一次次的教育故事让我越发认识到：教育的前提是尊重，没有尊重就没有教育。

所以，作为老师，有一条原则必须遵循：

当众表扬，私下批评。

法国作家拉·封丹曾写过这样一则寓言：讲的是南

风和北风比本领，看谁先把路人的大衣脱下来。北风用尽全身的力气，想把路人的大衣给吹下来，结果是他越吹，路人把大衣裹得越紧，最后是气喘吁吁，大败而归。南风则不同，他缓缓地吹，给路人送来缕缕暖意，路人感到热了，就自然把大衣脱了下来。比赛的结果，南风轻松获胜！

这就是著名的南风效应。

它告诉我们老师，不能像北风那样，跟学生对着干，把学生的逆反心理都给激活了，你还怎么教育他们呢？我们要像南风那样，在教育学生时，要给予学生足够多的尊重和关心，学生们因为被尊重而感到温暖，因温暖才能更容易地接受老师的观点。更重要的是，在尊重中长大的孩子，才能学会平等待人，才会真正地尊重每一个个体。当人人都懂得尊重他人时，我们的社会还能不和谐吗？

所以说，教育的前提是尊重，没有尊重就没有教育。

以孝为药治顽童

近些年来，孩子伤害父母及老师的案件时有发生。

校园暴力案件就更多了。搜搜“校园暴力”四个字，出现的相关视频资料就多达一万七千多个，真的是触目惊心！

我们孩子身上的戾气为什么这么重？我们的孩子为什么会这样？我们的社会到底哪里出问题了？如何才能避免这类事件的再次发生？

原因当然很复杂：法律层面的，教育层面的，父母层面的……立法问题需要由政府相关部门去解决，父母层面的问题属于家庭教育的范畴。无论怎么样，孩子出问题，教育有着不可推卸的责任。接下来我就从教育的角度来分析一下孩子的世界里暴力事件频发的原因。

个人认为，最重要的一条是：“孝”育乏力！

记得苏霍姆林斯基在《给教师的一百条建议》中

曾提出，每位老师都要教育孩子爱自己的父母。他说：“一个人如果连自己的父母都不爱，他还会去爱谁呢？”这里的爱，就是我们中华民族最为看重的“孝”。

我们的父辈们经常说的话是“山高不能遮太阳，人高不能遮爹娘”“天下没有不是的父母”“棍棒底下出孝子”……这些话现在的许多年轻父母们估计都没听说过吧。

当然，对于传统文化，我们不能一味传承。我们要采取扬弃的态度，其精华，传承下去，发扬光大；其糟粕，丢到历史的垃圾篓里去吧。所以，我们不仅不再提倡用棍棒教育孩子，而且是杜绝用棍棒。但是，“棍棒”所象征的严格管教的含义是不能丢的，教育孩子孝敬父母，是传统文化中的精华部分，是要发扬光大的。

孩子懂得孝敬父母，是他成为对社会有用之人的基础。孩子懂得孝敬父母，这个家庭才会幸福稳定。这个基础没有了，其他一切都免谈。所以我们才说：百善孝为先！确实是这样的，一个人如果连自己的父母都不爱，那他还会去爱谁呢？人人都有情绪激动的时候，人人都有心情不爽的时候，当这种情绪激动、心情不爽是他人有意或是无意直接或间接给自己造成的时候，我们该如何做呢？我们所受的教育肯定会直接影响着我们的选择。

试想，如果复旦的林某某在伤害黄某某之前，心里想到了自己的父母（老吾老以及人之老是更高的境界，我们不要求他替黄某某的父母着想，只要求他想想自己的父母就可以了）。他那双投毒的手是不是会缩回来？殴打老师的孩子如果懂得自己这样做会给自己的父母造成很大的麻烦，一家人的生活会因他对师长的大不敬而受到影响，他们还会不会挥起拳头、举起凳子砸向老师？吴某某如果知道“爹的恩情还好报，娘的恩情报不完”，如果想起乌鸦尚且知道反哺，羊羔尚且懂得跪乳，那么，哪怕母亲有千般错，万般非，他还会不会杀害自己的亲生母亲？

我想，应该不会了！

心中深爱着自己的父母，这样的孩子是不会举起屠刀的！不会对别人举起屠刀，应该也不会伤害自己。

如今学生自杀事件也屡见报端，当然原因很复杂。其他原因按下不表，先说一说孩子自杀前会想些什么。说实话，我上中专那会儿，年龄相当于现在的中学生，情况应该跟他们相类似。我们那会儿，有时情绪也很低落，心情有时也很不爽（原因各异）。于是在聊天时也会发出这样的感慨：“实在是活够了！死了多好，一了百了！”

反对者马上站出：“呵，你爹妈真是吃饱了撑的，养你这一个白眼狼！你死了倒是一了百了了，可你爹娘呢？让他们白发人送黑发人？你就这样回报生你养你的爹娘？”

“说的是啊，所以不能死啊，死不起啊，父母恩情比海深，身上背的债太多，得还，再难也得活着！”

看，因为想到了父母的恩情，因为“孝”字驻心间，所以，再难也得活着，而且得好好地活着。古人云：“身体发肤，受之父母，不敢毁伤，孝之始也。立身行道，扬名于后世，以显父母，孝之终也。夫孝，始于事亲，中于事君，终于立身。”说的就是这个道理。

“孝”字在心中，会有效消弭孩子心中的戾气，可以减少很多伤人及自伤事件的发生。

那么，如何对孩子进行孝的教育呢？

首先，家庭教育很重要。家庭教育的主要形式是潜移默化，润物无声。做家长的整日里言传身教，孩子自然看在眼里，记在心中。所谓“子不教，父之过”，其实强调的是家庭氛围的重要性。一家之长给孩子营造什么样的成长环境，孩子就成长为什么样的人。《坟墓上的竹篮子》《一只破碗的启示》一类的故事之所以代代相传，就在于它们在教育后人“身教重于言教”方面的警示作用。

其次，学校的倡导不可或缺。当然，只是倡导，不可评比。家家情况不一样，孩子尽孝的方式多种多样，没有标准，如何评比？况且一旦评比，就有了功利性，有了功利性，就失了真诚心。

再者，社会的舆论力量是一面旗帜。当爸爸妈妈、姥姥姥爷、爷爷奶奶、姑姑阿姨、叔叔舅舅一群成年人围着一个小不点转时，这个小不点自然就成了家中的小皇帝。大家一起把这小不点当宠物一样养着。尽管其初心不是这样，但做法与初心相违背了。试想：哪家的宠物长大以后能成为“人”呢？

所以，“把孩子看作一个独立的人，养孩子是为国家储备生力军”这样的观点要深入人心！舆论如此宣传，不厌其烦，久而久之，育子的观念或许会慢慢改过来。

如果我们能以孝育为本，我们的孩子身上会不会就少了许多戾气，多些温良恭俭让的美好品质呢？

都懂得了温良恭俭让，学生中那些杀师弑亲、校园暴力一类的恶性案件是不是会少很多呢？

所以，百善孝为先，教育，孝先行，让“孝”来驱赶孩子心中的“恶”吧。分享一个真实案例：

以孝为药，治愈顽童

那天，我一进办公室，就见一男一女早已等在了办公室里。男的我认识，是五一班小 A 同学的爸爸，前些日子在办公室里愁眉不展的那个男人。女的，不用说也猜得出，应该就是小A的妈妈。

没等我开口问，孩子的妈妈愁眉紧锁地说："老师，我家儿子又不来上学了！"小A随随便便不来上学，这已经是第三次了。第一次和第二次之间，间隔时间比较长，第二次和这第三次之间，间隔时间不足两周。

小A虽然不是我这个班的，但情况我还是清楚的，他家长这是第二次来找我帮忙。小A从小娇生惯养，爸妈对他百依百顺。可孩子总有需要纠正的缺点错误。小时候爸妈的纵容使得孩子的缺点越积越多，坏习惯也越来越明显地影响到孩子的健康成长。此时，爸爸妈妈想纠正孩子的错误，但孩子听不得半句批评的话语。用他爸爸的话说就是："只能顺着他说话，稍微逆着他一点，他马上就甩脸子给你看！"甩脸子给家长看是小事，恶声恶气地跟家长说话也还能忍受，最气人的是，他竟然手握菜刀冲着爸爸挥舞过去，嘴里还嚷着："我要杀了你！"爸爸毕竟是爸爸，最终，孩子手里的刀被爸爸夺了下来，但是胳膊已被划伤了。刀夺过来后，爸爸的处理方式是：把刀放到厨房里，自己又生气又伤心地走出家门，然后，这件事就算平息了。

虽然不舍得、也不可能教训儿子，但他们夫妻俩总算彻底明白：再这样下去，儿子就完了！爱子心切的夫妻俩只好跑到学校来求助。

因为知道孩子成长的背景，所以我开口就说："孩子成为这个样子，不能怪孩子。"妈妈马上接着说："我们知道。我还好点，他爸爸真的是无原则地宠他！孩子的这一身坏毛病全都是宠出来的！"

我笑了："知道就好。好孩子是锻炼出来的，不是宠出来的。"

"我们知错了，关键是，我们现在、今后该怎么办？"两口子急切地问。

"解铃还须系铃人哪！首先你们夫妻俩要商定一个切实可行的计划并持之以恒地贯彻下去。其次你们夫妻俩要让孩子知道你们这些年为他付出了多少心血，让他感受到你们的爱，以此来触动他的内心。最后要让孩子用实际行动回报你们给予他的爱。这最后一条非常重要！孩子只有打心眼里爱自己的父母，孝顺自己的父母了，他的心才会变得柔软起来，他的转变才算真正开始了。心中有爱的人，生活才会幸福！"

"老师，计划好制定，这第二条就没法做了，更别提第三步了！我们两口子说的话只要不顺他的耳朵，他要么摔门就走，要么又是跺脚，又是大喊大叫，根本不听啊！"

"不听没事，你们写下来。写下来他会看的。你们两口子都写。回忆你们和儿子在一起的点点滴滴的生活，可以从孩子出生时写起。多写幸福的回忆，长大后孩子的叛逆也要写，但出发点不是指责，而是写你们自己的悔恨、自责、内疚和伤心。子不教，父之过嘛。孩子的坏毛病不是一天两天养成的，改掉更不是一朝一夕能做到的，一定要坚持！能做到吗？”

夫妻俩使劲点头，一边点头一边问：“老师，这第三步如何实现啊？”

“你们把写给孩子的话透露给我，然后我根据你们所写，猜孩子被触动多少，再想想怎么点化他。

“这是一个很艰巨的任务，我们都要有耐心，能坚持！”

计划实施的前提是让孩子先到学校来上课。我让孩子的班主任老师给孩子写了封信，先让老师动之以情，然后晓之以理，让小 A 同学明白随随便便不到校学习的后果。这封信让孩子的父母交给孩子。我想，班主任的话对小 A 同学应该还是有一定的威慑力的。

果然，小 A 来上学了！

接下来的日子里，我天天找小 A 谈谈心，根据他爸爸妈妈写给他的话，聊聊我和我儿子之间的故事，聊我是怎么样疼爱我儿子的，聊我儿子在我难过时是怎么样用小手为我揩去泪水的；聊我熬夜备课后，第二天一早儿子是怎么样轻手轻脚，生怕打扰我休息的；聊我回家晚时，我儿子是怎么样为我熬饭的，有时会开玩笑地说，儿子炒的菜如何灰头土脸但味道却“好极了”的……我知道，在小A同学慢慢感知他父母对他的爱之后，这些真实的关于“孝”的故事，一定会对他的心灵产生极大的震撼。

果不其然，一个月后，小A的妈妈兴奋地告诉我，当她一身疲惫地回到家，又马不停蹄地直奔厨房后，小A同学竟然走到她身边，对她说：“妈妈，你太辛苦了，我想帮你做点事。”

我问：“你让孩子帮你做的什么事？”小A妈妈满脸幸福地说：“有孩子这句话就够了！孩子学习也够辛苦的，我没舍得让他做什么。”我知道，小A妈妈的“宠子之风”又想“复辟”了。于是点了她一下：“别忘了，好孩子是锻炼出来的，不是宠出来的！让孩子干点家务，让他用实际行动表达他对你们的爱，他在实际行动中才能最真切地感受父母的辛苦。常言说不养儿不知父母恩，同理，不做家务的孩子也难以真切感知父母恩。让他去做事，让他的孝心外显出来！”

小A的妈妈恍然大悟！

再以后，小A妈妈那边经常有喜讯传来：小A吃完饭知道擦桌子了！小A把他的书桌收拾干净了！小

A 学会刷碗了！小 A 把客厅打扫干净了！小 A……

让小 A 感受到父母对他的爱，在此基础上，用榜样的力量唤醒他内心沉睡的孝心，在一次又一次的实际行动中，让这棵孝心之树一点点长大，这就是我最初的教育设想，现在看来，已经实现了！

心中盛满对父母之爱的小 A 同学，如今再也没有冲父母大喊大叫过，更别提对父母动刀了。心中盛满对父母之爱的小 A 同学，再也不做任性不上学的事了。心中盛满对父母之爱的小 A 同学，变得越来越阳光了！

知识太难了，孩子吃不消

智商测验的结果表明，弱智是存在的，天才也是存在的，但是他们只是人群中的极少数，大约各占百分之二，绝大部分都是平平常常的孩子。

那么，这些智力正常的孩子进入学校之后，怎么会有一部分成了把老师气得抓狂的所谓“差生”呢？“差生”是怎么炼成的呢？

看看我小时候的经历，个中原因也许可见端倪。

四十年前，我还没有入学，三叔正上高中，高中几年级已经记不得了，或者说那个时候对高中几年级没有概念。

暑假里，三叔放假回家来，把书也带了回来，一摞一摞摆在了桌子上。好奇的我爬上桌子，把摆在最上面的一本书拿在手里，翻开看了起来。“我本（清风）不识字，一样（何必）乱翻书”。书上密密麻麻地写了很多字，偶尔出现个“一、二、三、人、口、大”之类的字我还能认得，其他的一切对我来说均是天书。这些很多很难认的字之间，还夹杂着三个不知道怎么写成的“拼音”——α β γ。可这些“拼音”怎么长这个样呢？曲里拐弯的，都是怎么写成的呢？我的小手比画了半天，也不知道它们是从哪里开始的，又是到哪里结束的。比来画去，比画得我头都大了，还是没弄明白所以然。心里想着，如果爸爸这时候进来，再拿起书心血来潮要教我这几个“字”，我就死定了！我赶紧合上书，把它放回原处，做贼似的悄悄溜走了。留在心里的，是一份对书本的畏惧——太难了，看不懂，肯定也是学不会的！

后来，可能是开学了吧，三叔收拾起他的那一大堆对我来说是天书的东西回学校了。然后，爸爸牵着我的小手也来到了坐落于我们村中央的小学校里，走到一间教室的门口，我们停住了脚步。从里面走出一位与爸爸年龄相仿的男教师，爸爸把我交与他，转身走了。

那老师把我领进屋子。屋子里已经有好些小孩子了，他们都端端正正地坐在那里。老师领我走到一个空位处让我坐下。我忽然意识到我成了学生了，我得去学那密密麻麻的天书，还有那曲里拐弯的“拼音”了！一种莫名的恐惧涌上心头，我一下子站了起来，从安静的教室里狂奔了出去。这时，爸爸还没有走出学校的大门。我追上爸爸，一边哭着喊着“我不上学，我不上学！我害怕！”一边死拽着爸爸的衣襟不放。爸爸被我弄得莫名其妙，不知我怕从何来。这时，老师也从教室里追了出来，和爸爸一起又是哄又是劝又是拽地重新把我摁在了教室里。我惊魂未定地坐在座位上，爸爸则站在门口拿眼睛使劲瞪着我，使我不敢再放肆。

我不再闹了，教室里的秩序就安定了。于是老师简单讲了几句（天知道讲的是什么，我一句也没记住，大概是根本没听吧）就开始发书了。看着老师手里的书，我不再害怕了，取而代之的是好奇——那书看上去怎么跟我三叔的不一样啊？等书发到我手里，我才看到封面很漂亮，画的是小孩子在玩，人人脸上都带着笑容。我有点喜欢这本书了。翻开看看里面，老天呀，这么简单——第一课就一个拼音——这拼音是 ɑ，看上去好简单！自此，对书本的恐惧一扫而光，拥有属于自己的新书的欢喜溢满心头。等我将视线从书上移开，移向门口看爸爸时，爸爸已不知何时离开了那里。

三叔的书给未上学的我带来的是一场噩梦！幸亏，噩梦在我拿到新书的那一刻起醒来了！

我是幸运的，醒来后的我上学之路还算是一帆风顺的，之后没遇到什么超出我年龄阶段的高难度“动作”，所以一直到进入工作岗位也没再被“吓着”过。

但是，并不是所有人都像我这样幸运。特别是现在的小孩子，被“吓着”的机会要比我小时候多多了。

小学知识“下放”到幼儿园的现象不稀罕吧，初中的知识下放到小学的现象也不是天方夜谭吧？当然，孩子年龄大一点，接受能力就强一点，初中的内容下放到小学，对于小学的孩子来说，未必会被“吓着”，但是，小学的知识下放到幼儿园，那小不点可是有点吃不消的。一旦孩子因学的知识不适合他这个年龄阶段而出现畏惧和厌学心理，后果就相当严重了。

即使知识不“下放”，同样年龄的儿童对于同样难度的知识，接受起来也是不一样的。孩子的智力跟孩子的身高一样，发展是不均衡的，有的孩子智力“早长”，有的孩子智力就“晚长”。对于智力“晚长”的孩子，小学低段的老师要特别有耐心，还要特别有方法，一定要根据孩子的年龄特点及成长规律，因材施教，由简入繁，循序渐进，且莫将太难的东西过早地呈现在孩子面前，防止孩子被高难度的知识“吓着”。一旦孩子被“吓着”，其惊魂不知何时能定，孩子的正常学习与生活就会受到很大影响，最可怕的是，成年人可能并不清楚孩子是被“吓着”了，更不清楚孩子是被什么“吓着”的，就像我爸爸不知道我为什么冲出教室一样。这样一来，对症下药来“解铃”的可能性也没了，只有等孩子慢慢自愈。然而，谁也不能保证，孩子在“自愈”的过程中不被再次“吓着”。如果不幸孩子反复被吓，自愈无望，其间再配以成年人的语言伤害，我们的孩子，可就真的吃不消了。

“吃伤了”

我是在农村长大的。

记得小时候，我们家里的院子很大，院子里有一棵很粗壮的槐树。每到春天，我们家的槐树上就会开出洁白如玉的槐花，满树都是！每到这个时候，就是我最出风头的时候——我会爬树，别的女孩子不会，她们只能呆呆地站在树下，眼巴巴地看着我，一双双小手向上伸着，嘴里不住地喊：“给我一嘟噜，给我一嘟噜。”看着她们那眼馋的样子，坐在树杈间的我别提有多得意了。于是，我摘下一嘟噜，先塞进自己嘴里一大把，再摘下一嘟噜，轻轻晃动着手里的槐花，低头看着树下的小馋猫们眼睁睁望着槐花的样子，得意地笑着，然后一松手，槐花飞快地掉下去，我的朋友们一拥而上，一嘟噜槐花被一抢而光！他们贪婪地吃着，我则尽情地往嘴里塞着！我吃饱了，小伙伴们也解馋了，于是大家尽欢而散。

每一次都是别人吃得少，我吃得多。终于有一次，因为我吃得太“嗨”了，出事了——那天夜里，我那塞了过量生槐花的胃开始翻江倒海般折腾我，直到把我整得上吐下泻，筋疲力尽才罢休！

这下可真吃伤了。从那时起，我再也不吃槐花，生的熟的都不吃，甚至一闻到槐花的味儿就反胃！

走上工作岗位后，看到那些厌学的孩子，莫名地，我就想起了我小时候“吃伤”的事件。他们对学习的“厌烦”跟我对槐花的“厌恶”，究其根源，应该是一样的——曾经一次性吃得太多，吃伤了！

国家教育主管部门根据孩子的年龄特点，规定了各年级孩子所学内容的数量及难度，怕的就是孩子在求学的黄金时间“吃伤了”。但是，在具体的实施过程中，即使老师严格按课程标准的要求去做，仍然有个别学生不适应。同一年龄段的孩子饭量不一样，这很正常。

课堂上，对于同一例题，学生的接受程度肯定不一样。有的孩子，八岁拥有九岁孩子的智力水平，有的孩子，生理年龄到八岁了，可心理年龄还没达到。教科书上适合八岁孩子的例题，在同一年级求学的孩子就会出现不同的接受水平。心理年龄差一岁的学生肯定接受不了！于是我们的老师就耐心地一遍一遍地为这个孩子“开小灶”，家长则不遗余力地给孩子找辅导老师。可是，孩子的心理年龄没到，他对这类问题就是没感觉，就是接受不了！如果此时家长和老师不能准确把握一个“度”，不顾孩子的消化能力，自顾自地往孩子脑袋里塞、塞、塞！孩子肯定得“被吃伤”，吃伤哪一门，对哪一门的兴趣就会荡然无存！一见到这门他曾“吃伤”过的学科，他肯定头晕脑涨出虚汗！更有甚者，城门失火，殃及池鱼，从此孩子对所有学科的学习失去兴趣！

二年级数学有一种九宫格试题，我儿子上二年级时对这类题完全没概念。当时的我自认为自己很有耐心，一遍遍地给儿子出这类题让他练。在做了大量同一类型的题后，儿子能把我紧接着出的同种类型的题做出来了。但时空一变，到考试时再碰到这类题，他百分百出错！当时我真有点怀疑我儿子的智商了！不过，我总算研究过一点教育心理学，没把自己的怀疑说出来。尽管我没说出来，我儿子依然很受打击——考一次错一次，搁谁身上谁受得了啊！后来儿子终于爆发了："妈妈，我最讨厌填数字的题了，一看到它我就想吐！"

坏了，“吃伤了”！

幸亏讨厌的不是数学，只是数学中的九宫格题。懂点心理学的我当机立断，不再辅导儿子做那类题。如果试卷上再出现这种类型的题，那就让它错好了，主要是考试的频率毕竟低，试卷上出现这类题的概率就更低了，所以，儿子碰到让他讨厌的题的机会就微乎其微了。

因为伤得不太深，停得也决绝，所以，九宫格试题对儿子的伤害不太严重，儿子的“胃”慢慢又“养”好了！

到了中学，他成了他们数学老师最得意的弟子！试想，如果当初我不顾儿子“一见到它就想吐”的感受，义无反顾地继续为儿子“补”这种类型的题，结果会怎么样呢？不敢想！

两千多年前的孔老夫子说得多好：因材施教！教学也好，育人也罢，都要根据孩子的心理年龄来，不同的孩子不能有相同的要求！学习面前人人平等，但要求面前应该因人而异。要允许个别孩子暂时放弃，要耐心地站在孩子身边，笑眯眯地看着他慢慢长大。

孩子求学的过程中，既不能让孩子饿着了，也不能让孩子撑着了。甚至，宁愿“饿着”点，也绝不能“撑着”——有谚语说：要想小儿安，三分饥与寒！同样的，若让孩子爱上学习，就得保证孩子时时对知识有一种“饥饿感”。所以，老师和家长一定要通力合作，帮助孩子合理“膳食”，这样，我们的孩子才能拥有一个时时想“吃”的“胃”！

创新之根本

从零到一是创新，从一到十是改良。从零到一，是一个从无到有的过程，需要有卓越的创新能力。但是纵观整个近现代史，中国人从零到一的突破并不多，也就是说，我们培养出来的创新人才并不多。原因何在呢？

我想原因可能有二，其一在于我们对学生的评价；其二在于我们组织的学生与学生之间的评比。

先说评价。

对孩子的评价一定要鼓励创新。教育要对孩子的终生发展负责任，教育要促使孩子德智体美劳诸方面和谐发展。在这诸方面之中，我们下力气最多的是智育。（其实，这有悖于《弟子规》中所说的“有余力，则学文”的理念。本文姑且放一放这个问题。）对孩子的智力教育绝不仅仅是让他们掌握知识，更重要的是让他们学会灵活运用所学知识！从某种意义上说，灵活运用就是创新！所以我们对孩子的评价一定要鼓励创新。

创新来源于与众不同的思维方式，这种思维方式如果一次次遭受打击，它就会像蜗牛的触角那样缩回壳里，再也不敢出来了。这让我不由得想到了亚历山大解绳结的故事。亚历山大是一代君主，而且是所向无敌的君主。当他按常规方法解不开绳结时，才怒气冲冲地拔剑相向，使这乱成一团的绳索断开来。后世之人因此把他当成智者去弘扬。试想，如果亚历山大不是君主，而是一个普通人，他敢对这团千年无人破解的神秘绳结拔剑相向吗？假如他敢，他这种解开绳结的方式能得到大众的认可吗？在我们已成定势的思维方式里，“解”就是解开疙瘩让绳子恢复原状，而不是把它弄断啊！我想，如果在亚历山大之前，有一个普通人想用亚历山大的方式去解绳结的话，他一定会遭到异口同声地反对，他的这一创新思维也会在这种反对声里夭折，之后的亚历山大因脑海里满是那位倒霉蛋遭到口诛笔伐的惨样而放弃挥剑相向的做法，于是这个绳结就真的无人解开了，众口铄金的评价让亚历山大也停住了创新思维的步伐。

评价是一种导向。如果我们的教育鼓励独特的思维，不用我们已成定势的思维去评价孩子，那么，我们的孩子就敢于让思维“离经叛道”，然后就有了对前人的突破，就有了创新；可惜的是我们的教育拒绝孩子自己的思想，只有跟教材相一致，你才能得到高分，别说是跟教材完全相反了，就是跟教材不一样，跟标准答案不一样，你的分数也只有与你“伤离别”一条路了。比如语文阅读题中经常会有这样的问题：“在这个句子中××词能不能去掉？为什么？”前一问的答案一定是“不能”，如果第一问你的答案是“能”，那么后面的理由再充分也不会给你分的，因为你的判断出了错误，所以你的理由一定是错的。关于这种问题的答案，我不止一次地跟同事争论过，但没有任何结果。在这样的评价制度下，孩子还敢发表自己独到的见解吗？

由此可见，孩子的创新能力，不是教出来的，而是评价出来的。

创新之根本在于评价。

再说评比。

我们的评比太多，是评比就会有标准，所以我们的标准也太多。太多的标准成了限制人们思维的紧箍咒，所有人的想象都被框在了标准里头，一切行为一切做法一切思想都在标准的范围内，不得出樊篱半步。从小到大，生活在评比中的孩子长成了青年，青年继续生活在评比之中，一天天走向了老年。于是，人的一生就成了被禁锢的一生，于是，所有的创造都没有了。

学龄前的孩子们所经历的评比可能还不是很多。从进入一年级开始，孩子们就进入了评与比的考验中，这种评比一直到杀进大学校门还不曾停止，在以后的岁月里，还会有各种各样的评比在等着他们。

符合标准的上，不符合标准的下！

在这些五花八门、林林总总的评比中拼杀下来，一路过关斩将的就是胜利者，也就是我们挑选出来的一级又一级优秀人才。但是，令人叹息的是，这些胜利者在享受成功的喜悦之时，其实也失去了很多。他们之所以成功，是因为他们在每一次的评比中都严格按照评比要求去做了，而且做得很出色（凡未能严格按照标准或是要求去做的，一律被淘汰出局了）。在历经了一次又一次按别人的标准去思考的训练以后，他们的思维不可避免地被种种评比标准限制住，在这样的过程中成长起来的人，很难再有属于自己的思想，或是另类的想法。连自己的思想都没有的人，怎么还会有属于自己的创意呢？即使有也是在评比标准之内的所谓创意，真正有突破性的创造性思维早已在各种各样的评比中消磨殆尽。（当然，如果有人给他们定下了标准，他们一定会做得很好，只是这样的人才不可能是高端人才，只能是高端人才的部下。）

以上内容并不是在指责评比一无是处，评比自有评比的好处，它在很大程度上刺激了人向上的欲望。但评比过多过滥就出问题了，所谓“真理向前迈一步就成了谬误”，说的就是这个道理——过犹不及！

评价方式改革一下，评比次数减少一些，让孩子的成长更加符合自然规律一些，为创新型人才的成长创造适宜的土壤，我想，不远的将来，实现从零到一、从无到有的突破型人才就会从我们的祖国大地上源源不断地涌现出来。

爱孩子，需要大智慧

2020 年 10 月 14 日，上海某小学门口，上演了一幕两位家长之间的全武行。起因是一个男孩与一个女孩（两个都是一年级的）在等家长接的时候闹着玩，女孩看样子是处于下风，恰巧女孩的爸爸过来了，于是女孩儿的爸爸上前找小男孩理论。一个三十多的男人与一个一年级的娃娃理论，听上去是不是开玩笑？一年级的娃娃哪见过这阵势？估计一害怕不知道说什么了，沟通不畅，大男人冲着小娃娃挥起了大手，男孩被大男人一巴掌打倒在地。这一幕正好被男孩的爸爸看在眼里。男孩爸爸本能地上前护孩子，于是，两个大男人就此厮打在一起。幸亏警察及时赶来，制止了这场成人之间的斗殴。

记录这件事，目的不是对那位女孩儿的爸爸口诛笔伐。爱自己的骨肉，没有错。虽然我们倡导老吾老以及人之老，幼吾幼以及人之幼，可是，在自己的孩子与他人的孩子之间，我们爱自己的孩子更多一点，我们心疼自己的孩子更多一点，这是人之常情。但是，怎么爱孩子，这就需要智慧了。智慧，拒绝冲冠一怒。爱孩子，需要拈花一笑的大智慧。

当自己的孩子与别的孩子发生矛盾，或者听孩子说他与别的孩子发生矛盾且自己受了委屈的时候，家长朋友首先要想到的是：这是促进孩子成长的一个好机会。我要采取什么样的措施，才能更有利于孩子的成长呢？

如果我是这位女孩子的爸爸，我想我会这样处理这件事（以下对话中，我是总导演）：

爸爸：孩子，你们是在玩游戏吗？

女孩：不是，他在欺负我！

爸爸：他欺负你肯定他不对！你们是一个班里的，以后放了学，家长没来的时候，你们还会一块儿在这里等家长。在等的过程中，他要是再欺负你怎么办呢？

女孩：爸爸早点来接我！

爸爸：爸爸一定竭尽全力早点来，但万一来得晚了呢？

女孩：（女孩此时可能会思考）

爸爸：现在，我们一起来想想办法。咱把他变成你的好朋友怎么样？

女孩：怎么变成好朋友？

爸爸：爸爸发现，这个小孩不知道怎么跟别人玩儿，你可以带着他玩儿。爸爸有一本特别好玩的书，我们每天读一点点，当他走近你的时候，你就神秘兮兮地冲着他说："你知道吗？"他肯定一脸好奇地看着你："什么呀？"这时候你便自豪地告诉他你从爸爸书上读的好玩的事儿。这样，他不仅会成为你的好朋友，还会特别崇拜你。

女孩儿：爸爸，那本好玩的书在哪里呀，我们赶快去读吧！

看，这样做，不仅教会了孩子如何化敌为友，还激起了自己女儿的读书欲望，这不比跟男孩的爸爸大打出手要好得多！

小女孩懂得如何化敌为友了，她就再也没有"仇人见面，分外眼红"的怒气了。她把"敌人"都转化为朋友了，于是，小女孩一走进自己的班级，满眼看到的都是自己的好朋友，诚如是，她在学校里的生活该是多么幸福呀！

孩子在学校里生活得幸福快乐，这不是我们最虔诚的期许吗？

换种处理方式，就换来了孩子的幸福快乐，成年人有什么理由不为孩子的幸福快乐而努力呢？

当然，换种方式，未必是以上我所说的方式，这位爸爸还可以带着两个孩子一起玩，让孩子在共同玩耍中感受到和睦相处的幸福和快乐，从中悟出与同学相处的方式。

总之，成年人要做的，一定是如何让孩子在学校里与同学“睦邻友好”，从而获得幸福快乐的校园生活，而不是在孩子遇到问题时为孩子“两肋插刀”。

《龟兔赛跑》的启示

对于这篇寓言，我个人的理解是这样的：龟代表的是具有坚忍不拔精神的接受事物稍微慢一些的一类人，说白了就是有点笨的人。兔代表的当然是智商较高、接受能力较强的一类人，简而言之，就是聪明人。

终点呢，应该代表的是人生的终点。作者让乌龟最终取胜，暗示着：人活一世，不用跟任何人比，自己有一个明确的目标，然后百折不挠地坚持做下去，不急不躁，一点点推进，不因自己身边有“千帆过”而心浮气躁，也不因自己的春天遥遥无期别人早已“万木春”而心烦意乱，按自己的节奏有条不紊地做自己的事情，不放弃，不攀比，像《龟兔赛跑》里的乌龟那样，总有一天会实现自己的人生理想，活出一个有意义有价值的人生。

这里的乌龟，拥有诸葛亮的智慧和心境！诸葛亮说："非淡泊无以明志，非宁静无以致远。淫慢则不能励精，险躁则不能治性"。你看，《龟兔赛跑》里的乌龟，确实淡泊名利，兔子是真的在跟乌龟比赛，因为是在比赛，所以会以取胜为目的。明知道自己必胜，也就放松了警惕。而乌龟压根儿就没有跟兔子比赛的想法，如果是在比赛的话，它清楚地知道这是一场实力悬殊的比赛，毫无悬念，必输无疑，它就没有比的必要了。那么，问题来了：乌龟为什么在明知没有获胜希望的前提下还加入到了跑步的行列呢？请注意我用的词，不是加入"比赛"，而是加入"跑步的行列"——它压根儿不是在跟兔子赛跑，而是在做自己的事情。它的心里没有输赢的概念，只有做自己能做的、想做的，或是该做的事情的想法，所以它就去做了。兔子跑多快，兔子把它甩在后面多远，它根本不去关注，因为这事与它无关——它身不在赛场，心也不在赛场，它只专注于它的事情，胜败输赢得失，与它无关。

它用自己的实际行动诠释了"淡泊"二字的含义。

因为淡泊，所以，乌龟才有明确的目标，才以自己的坚持与努力，实现了自己的人生价值。而兔子则不行了，名利心太重，最终反倒落在了乌龟的后面。如果它专注于自己的事情，它就不会去关注乌龟跑多慢，也就不会因为乌龟跑得慢而停下自己前进的脚步。所以，淡泊名利，可能平凡，但是还不至于平庸，追名逐利，可能会风光一时，像兔子前半场的领先，但名利心也会让人活不出真正的精彩来，就像兔子最后落在了乌龟的后面，黯然出局。

真正读懂龟兔赛跑的故事，也就真正理解了作者为什么让乌龟跑赢——乌龟不是赢了兔子，而是赢了自己的人生，藏在“赢”后面的人生信条是：淡泊名利！

淡泊名利确实有助于潜心钻研自己的工作。我们确实应该教育孩子淡泊名利，但是，我们正在努力做的恰恰是引导学生追名逐利！

别的不说，就说年年学期末发的诸如“三好学生”之类的奖状，应该说老师们的本意是好的，想借此激励学生好好学习，天天向上。但实际效果呢？老师可能都会发现，每年得三好学生奖状的学生基本都是那几个人——那几个优秀又努力的孩子。至于一直很努力但一直不那么突出的中等生，就只有年年看着人家领奖状的份了。班里的后进生呢？不可否认，每个班级的学生都会被自然分成上中下三类学生，这身居下位的学生，是注定什么奖都得不到的了。但凭良心说，这身居下位的学生也不是一点都不努力的，相反，有些可能会比优等生付出的更多。虽然付出努力了，但由于综合实力的原因，依然“身居下位”，依然得不到任何奖励。

他们就像《龟兔赛跑》中的那只龟，无论如何都是比不过兔子的。那怎么办？如果他们的学习只是为了奖状的话，一次次努力失败后，他们很可能就彻底不努力了；如果他们能淡泊名利，人生不是为赢活着，而是为了实现自己的人生价值而活，那么，他们肯定会百折不挠，坚持不懈地努力。但学校里年年的隆重发奖，能不在他们稚嫩的心田上留下阴影吗？

写到这里，我不由地想到了今年发奖时的那一幕：

这是一年级上学期期末测试后的发奖时刻，一个班的孩子们端坐在位子上，眼睛直直地盯着老师手中的奖状，小嘴巴紧闭着，大气不敢喘，教室里鸦雀无声！老师开始念获得奖状的小朋友的名字，“写字小能手”发完了，劳动模范发完了，学习标兵发完了，三好学生发完了。老师手里一张奖状都没有了。手里没有奖状的小朋友眼神瞬间黯淡下去——他们肯定不明白，为什么他们会没有奖状！进入小学一个学期，他们学到了多少新知识呀。都学到了很多新知识，为什么有的有奖状，有的没奖状呢？因为发奖是有比例的，比如：三好学生是按班级人数的15%发的，德智体美劳全面发展才给呢，不全面发展就不给。我们培养的孩子，只有15%优秀吗？我们的优秀率就那么低吗？

肯定不是的，每一个孩子都是祖国的未来和希望！

那我们这样发奖的目的是什么？人为地选出这15%，目的是用这15%的奖状吸引所有的孩子努力学习吗？这不就是试图用利诱的方式激发学生的学习积极性吗？但是让孩子爱上学习，是用知识本身吸引学生还是靠物质或是精神的诱惑吸引学生？

如果是利诱，天资聪颖的孩子很可能因其聪颖而最终活不出精彩的人生，就像《龟兔赛跑》里半路睡觉的兔子；如果是用知识本身吸引学生，即使天资愚钝，他也会像《龟兔赛跑》里的乌龟那样，淡泊名利，专注自己的事业，活出精彩的人生。

那么，我们可否取消诸如“三好学生”一类的荣誉利诱，用“做最好的自己”取代“三好学生”？可否用举办作品展的方式培养学生的艺术特长，而不是发各种各样的荣誉证书？毕竟，带给孩子美的享受的，是艺术本身而不是奖状；流传千古的，也都是作品本身，而不是各种荣誉证书。

教育学生淡泊名利，对事情本身感兴趣，而不是对这件事给自己带来的荣誉感兴趣，应该成为我们今后要研究的重点问题。

评比是把双刃剑

在教育教学过程中，为了更好地促进学生提高，老师可能会举行一些评比活动。毋庸置疑，评比确实对优秀学生起到了激励促进作用。但，不可否认，评比对于绝大多数学生来说，伤害大于激励。评比，是把双刃剑！

曾看到过这样一个小故事：

古时候，有位名叫黄喜的丞相，在微服私访的途中，看到农夫驾着两头牛耕地，他随口问道："你的这两头牛哪一头更棒呢？"农夫没有直接回答，等到牛到一旁吃草后，他才附在黄喜耳边说："告诉你吧，边上的那头牛更好一些。"见农夫这般低声细语，黄喜颇感奇怪，于是问道："你干吗用这么小的声音说话？""牛虽然是畜类，但心和人是一样的。我要是大声地说这头牛好，就意味着那头牛不好，它们是可以从我的眼神、手势、声音里分辨出我说话的意思来的。这样，那头也尽了力但仍不够优秀的牛心里就会很难过……”农夫答道。这位农夫无疑是深谙“牛性”的。牛犹如此，人何以堪！

由这个故事我想到了我的学生们，想到了那些认认真真学习，刻苦努力攻读，但仍然比不过其他孩子的学生们。

中秋节，为了培养孩子们对祖国传统节日的感情，更深入地了解这一传统节日，我们让高年级的学生在周末做了以“中秋节”为主题的手抄报。

手抄报交上来，我很欣慰：大家都做得很用心，从报头设计到版块设计，从书写质量到色彩搭配，从内容到插图，大家都各有千秋。当翻到阿华同学的手抄报时，我脸上的微笑一下子凝固了——这份手抄报做得没有前几份美观。阿华是学习相当认真的一个孩子，手抄报的质量不该这个水平呀，肯定是没用心做。

我把孩子叫到办公室，把她的手抄报放在一边，然后让她一份一份欣赏其他同学的作品。我只关注了手抄报，并没有看孩子的表情。看完之后我问了一句很没水平的话：“看出差距了吗？”孩子默默地点点头。我自认为很负责任地说：“你甘愿败在他们手下吗？”孩子自然回答不甘愿。“那怎么办？”“我重做一份。”孩子说这句话时，语气有点弱。我把它解读为“阿华因为自己周末不够认真，感觉不好意思了。”重做只能靠晚上了。一个晚上是做不好的，我允许孩子三个晚上完成。

第二个晚上，我的手机响了。一个陌生的号码。接通后对方自报家门：“我是阿华的爸爸，我想跟您汇报个事情。”“您请讲。”对方很客气，我也很客气。

“黄老师，阿华的手抄报可能得延期完成。周末那份手抄报，阿华其实做得很认真，很用心。单单那个‘嫦娥奔月’的画，她画了擦，擦了画，反反复复，足足画了四个多小时。可能是低头时间太长了，她的脖子开始疼。我真害怕她小小年纪再得了颈椎病。”

孩子爸爸说这话时，听得出来满是心疼，满是担心。

我这才发现，我错怪了阿华，这孩子做得不太美观的手抄报，可能比那些做得很漂亮的手抄报费的时间还要长！我忽然想起了爱因斯坦的三个小凳子的故事。虽然那第三个凳子也很丑陋，但它是爱因斯坦竭尽全力做出来的。这份竭尽全力做事情的态度才是最重要的。正像阿华，她做的手抄报从整体上看确实不完美，但她做这份手抄报的态度绝对是极认真的！这份认真是最值得我们大力提倡的！

我当即决定：孩子周末做的手抄报就是最好的了——她自己能做到的最好！她不用再做了！

孩子就是孩子，得到了老师的肯定，立刻欢天喜地起来。我却很自责：这是孩子的爸爸告诉了我实情，如果孩子爸爸不告诉我呢？孩子辛辛苦苦做了两天的手抄报被我轻轻一句“看到差距了吗”就全盘否定了，她费的心，她流的汗，她那累得生疼的脖子，全都被我否定了，孩子的心里得多难过！我怎么还不如那个耕种的老农呢！人家虽然没学过教育学心理学，但人家对生灵人性化的关怀绝对比我要先进得多啊！

评比、竞争，快要把我的眼睛蒙蔽了！我得时时提醒自己：我们绝不依靠评比淘汰任何一个孩子，评比只是我们用来培养孩子的手段之一。

阿健，一个每次测验都考不及格的孩子。从一年级起就没及格过。

到了三年级，分到了我的班里。虽然，每天的家庭作业他都交，但书写极其潦草。没办法，个别辅导吧。一辅导才发现，这孩子和现在这个班的其他孩子根本不在一个级别上。这种情况下，我把他的妈妈请到学校，跟他妈妈沟通后，我们达成了一致意见。语文最重要的只有三件事：写好字，读好书，作好文。现在，孩子水平有限，作好文等等再说。从今天起，孩子不做我布置的家庭作业，他每天晚上回到家，要做的只有两件事：其一，把当天学过的课文读正确，读熟练，最好能背诵下来；其二，每天听写生字。错的及时改正过来，再听写一遍。第二天还要把头一天出错的字再听写一遍，以达到巩固的目的。每周一上午，他的家长到校，把他这一周在家里学习的内容给我看一遍。（怕家长管不住孩子，我很自恋地认为，在孩子心里，老师还是比较有权威的。）

这样实施了一个学期，孩子也确实每天都按要求去学习。但是，期末测试，他还是没有及格——依然错字连篇，他怎么可能及格呢？设身处地为孩子着想，他肯定心里很失落：为什么我那么认真地去学习，还是错那么多呢？难道我智商真的不如人家吗？

我不能让他这样想。在学生返校领取试卷的时候，在其他学生领取各种各样的奖状之后，我把手搭在了阿健的头上，对全班同学说："虽然阿健同学这次测试没达到他预期的目标，但他的坚持是大家有目共睹的，只要有这份坚持下去的恒心，总有一天，阿健会实现他的理想！坚持到底，就是胜利！"学生们都挺配合的，我话音刚落，热烈的掌声就响了起来。没考及格的阿健开心地笑了。估计，这是他入学以来第一次得到大家的掌声。

接下来的两年里，我依然给他足够的自主学习空间，他呢，成绩依然在及格边缘徘徊。我不急，令人欣慰的是，他妈妈也不急，只是，随着年级的增长，阿健的学习内容由读课文、背课文，听写生字词，又加了一样：每天朗读一段课外阅读资料。

虽然他依然不及格，但阿健却生活得很阳光。测试不及格的打击并没有动摇他坚持学习的好习惯。每个学期末，我自设了一个“持之以恒”奖，单独颁发给他。

直到第四个年头，量变终于引起了质变，阿健的成绩稳定在了 80 分左右！

我不由得喟叹：看到孩子在测试中成绩不理想或是在竞争中名落孙山，老师要做的，是看到孩子的“阿喀琉斯之踵”在哪里，然后在充分保护孩子自尊的前提下，因材施教，帮助孩子补足短板，让孩子慢慢变得越来越强大。

无论我们老师陪孩子走过的是他们的哪段人生之路，都请牢记：在孩子成长的过程中，我们一定要小心使用评比这把双刃剑，我们的任何活动都不是为了淘汰孩子，而是为了更好地促进孩子成长。

语文，想说爱你不容易

中央电视台科教频道邀请王崧舟老师做客百家讲坛。王老师讲的是《爱上语文》。这个节目我很喜欢，因为我很喜欢语文。但是，现实状况却是——

语文，想说爱你不容易！

有个笑话这样说：上辈子杀猪，这辈子教书；上辈子杀人，这辈子教语文！

另一个笑语这样说：当老师瞎了一只眼，当语文老师瞎了另一只眼。

这样的笑话乍一听，哈哈一笑，再一想，一肚子辛酸！因为，我就是教语文的！虽然我本人喜欢文学，也热爱教学，但语文学科本身所存在的一些问题依然令我头疼万分。给大家举几个令我困惑的例子：

问题一，读音标准不统一。

比如“薄”这个字。这是一个多音字，一个读 bó，一个读 báo，本来不同的意思有不同的读音，很正常。但这个字有点另类，在意思相同的两个词中，读音竟然也不一样！“薄薄的雾霭”指的是雾气不浓，“薄雾”也是雾气不浓的意思，意思相同的情况下，前一个读 báo，后一个 bó，凭什么呢？学生自然是不明白，老师也不清楚！只能让学生死记！

这两个读音教材上都有注音，即使不清楚所以然，也可以让学生死记硬背。更让老师头疼的，是没法死记硬背的那种，你根本不知道哪个正确！

再比如“皖”这个字，问百度也好，查字典也罢，读音都是 huàn，四声。但上海辞书出版社 1979 年出版的《辞海》上的注音是 huǎn，清清楚楚标注的是三声！（声明：这个字不是多音字，不是！百度上，字典上，《辞海》里，都不是！）

这种情况下，老师怎么教？

问题二，意思标准不统一。

说实话，这方面的问题真的很不容易被发现。要不是考试考到了这样的题，要不是标准答案跟学生平时学习的不一样，这样的问题我也发现不了。

我们的考试考到了这样一道题：“把下面的成语补充完整并写出所填词语的意思。”其中有这样一个词：

负（　　）顽抗

把成语补充完整对学生们来说是一件容易的事，写出所填字词的意思也不难，课堂上学生们都亲自查字典解决了，他们的记忆肯定深刻。再说，复习的时候，这个内容也在复习之列，所以看到这样的题，我心里是很踏实的。考试结束，学生的答案也证实了我的踏实，全班所有的学生都答对了，但改卷的结果却是：全班都错了！标准答案是："地势险要的地方"。然而，字典上与教学参考书上给出的解释完全一致，"隅"的意思是："角落"。

真是令人纳闷，难道标准答案弄错了？问阅卷老师，阅卷老师说他们为了保险起见，又在百度上查了一下，结果答案跟标准答案一样！我的老天，难道我们全班师生一起"鬼打墙"了？我赶紧再查一下字典，字典上清清楚楚地写着："隅：角落，例词：墙隅，向隅而泣，负隅顽抗。"

另一位老师则坚持说"隅"的意思是"地势险要的地方"，她说这个答案来自字典，而且，不只是她一个人查了字典，全班同学一起查的！答案就是——地势险要的地方！这真是滑天下之大稽！我们用的是学校统一发的字典，不可能查出两种答案来！我马上再次翻开了字典，字典上白纸黑字明明白白写着"隅"的两个意思，一是角落，一是海边。哪来的什么"地势险要的地方”？！

年轻老师接过字典，她没有查“隅”这个字，而是翻到了“负隅顽抗”这个成语，上面赫然写着：“隅：地势险要的地方。”这可是同一本字典！对同一个词语里的同一个字，竟然有着完全不一样的解释！请问，哪一个是正确的？这种现象，让语文老师情何以堪，让学生们情何以堪！（我们查的是云南出版集团公司云南人民出版社出版的《现代汉语词典》）

为了彻底弄清楚“负隅顽抗”的“隅”到底是什么意思，接下来的时间里，我见字典就查，后来，查到了人民日报出版社出版的《中华成语大词典》。这次我查的是“负隅顽抗”这个成语，这个词典中，对“隅”的解释是“山水弯曲处”，又出来了第三种解释！

同一个字，在我所查到的资料里，竟然出现了三种不同的解释！请问，我们应该相信哪一个？

后来我又查了其他版本的字典，虽然单独查“隅”的时候，“隅”的意思依然是两个，一是角落，一是海边，但在“角落”的意思后面，没有“负隅顽抗”这个例词。

再后来，我又查了上海辞书出版社1986年出版的《中国成语大辞典》，才最终弄明白了“隅”这个字在“负隅顽抗”这个词里的意思：隅，原作“嵎”，山势险要的地方。问题是，如果不是考到了这个字，如果不是我有打破砂锅问到底的韧劲，估计我是不可能彻底弄清楚这个字的意思的。现在的老师依然按参考书上的解释在教学生“隅：角落”。

估计，类似“隅”的问题，不会是只此一例吧。

问题三，奇葩试题惹人厌。

语文试卷上有许多试题很奇葩。这类试题对小学阶段正处在学习语言文字运用的学生来说，简直是灾难！当然，这种奇葩试题也给语文老师的教学带上了沉重的脚镣！

比如“按要求写句子”这类试题，小学阶段常出。

有一次，学生们遇到了这样一道题，按要求写一个比喻句。句子的开头部分给了孩子：

和煦的春风像____________________

这是三年级上册的一道试题，我一份一份地审阅着，忽然眼前一亮：

和煦的春风像有魔力似的，它一吹，小草就变得生机勃勃。

多么有灵性的一句话！我毫不犹豫地打了一个大大的对号，并情不自禁地向其他老师分享我的惊喜。然而，她们回过来的一句话却给了我重重的一击：“这个句子好是好，但不符合要求呀！”

我立马像霜打的茄子——蔫了。

是的，它不是个比喻句，不符合题目要求！必须判错，必须扣分！

我的内心像压着块大石头似的，很难受！我很不理解！这种试题到底是想考查三年级孩子哪方面的能力的！孩子活泼生动的语言我们不能要，因为不是比喻句，不符合要求！长此以往，富有儿童特色的，充满童真童趣的鲜亮亮的语言孩子还敢随便往试卷上写吗？要知道，阅卷老师的一个叉号，任课老师和她宝贝学生的玻璃心就都碎了一地了！这种情况下，老师又怎敢放开手脚任孩子的创意如雨后春笋般往外冒？都不敢有创意了，有新鲜感的句子又从哪里来呢？

唉，奇葩试题困住了语文老师的手脚！

再比如“缩句”这种类型的题，不仅让学生头疼，更让老师纠结。我上学的时候，学习缩句是初中时候的事，记得当时老师讲缩句时是这样说的：“缩句时，要把所有起到修饰限制作用的成分都去掉，只留句子的主干”。现在这样的试题下放到了小学里，但小学阶段课程标准上没要求教给学生分析句子成分，学生们根本不知道什么叫“主、谓、宾、定、状、补”呢，怎么教给学生缩句？遗憾的是，缩句这样的题几乎逢考必出！

举个例子：

满头大汗的我扶起了摔倒在我身后的同伴。

这句话怎么缩？“我扶同伴”还是“我扶起了同伴”还是“我扶起同伴”？

改这一道题时，办公室里简直是狼烟四起，老师们意见不一，打起了嘴仗。

首先，争论的焦点在于句子中的那个“了”字在缩句后还要不要带。我的观点是小学阶段，要求不要过于严格，这个“了”字带不带都可以。但绝大多数的老师认为，这个“了”字必须带着，如果不带，意思就不一样了，理由是这个“了”一般是附着在动词后面的，表示时态，带“了”说明动作已完成，不带“了”说明动作正在进行时！我的天，一个“了”字，难煞孩子！更让改卷老师左右为难的是：如果严格按要求缩到最简，“扶”字后面的那个“起”字都不能带，因为“起”是补充说明扶的程度的！我们到底要按什么标准给孩子讲，又按什么标准给孩子改？问专家吧，专家说，人家又没要求必须缩到最简，你们那么难为孩子干吗，孩子只要缩去一部分就行了呗！这话说起来容易，做起来难——没有统一的标准，阅卷老师如何评分？老师回去以后又如何给孩子去讲评这样的题？

缩句不好把握，修改病句也很令人头疼！本来小学生们正处在学习规范的语言文字的阶段，出题人为什么非得出一些不正确的句子让孩子来改呢？打一个不太恰当的比方：这就相当于医学院的学生还没拿到毕业证，没出师呢，没行医资格证呢，你非得让他到医院坐诊，这是不是有点强人所难？更令人难以忍受的是：即使孩子把句子改正确了，但修改符号用的不标准，一样给毙掉！比如："联欢会上，我们班表演了许多一个个精彩的节目。"这句话，学生能清楚地发现句子的毛病：语意重复。也知道把"许多"或"一个个"删去一个就可以了。但是，在删除的时候，有的同学直接用斜线把多余的词划掉了，这就不对了，必须得把要删去的词用圈圈起来，然后在圈圈上再画一个螺旋形的小尾巴才算你正确！

看到这样的判决，我只想说：可怜的孩子，我拿什么拯救你！

当然，语文试卷上的奇葩试题肯定不止这些，不能再说了，说多了都是泪。

唉，语文，想说爱你，不——容——易！

语文教改，必须从命题开始

本校老师的孩子，一个特别可爱的小姑娘，今年上一年级。

上小学前，小姑娘听妈妈讲了很多故事，看了很多童话，想象力挺丰富的，看到一幅图画，能很快编出一个故事出来，而且这故事有时还会一波三折呢！小姑娘曾不止一次地对她妈妈说："妈妈，我最喜欢看图编故事啦！"

上了一年级，每次语文测试，看到最后一道看图写话题，都兴奋得不得了，奋笔疾书，思绪自笔尖汩汩流出，一年级的孩子，还是一年级上学期的孩子，A4纸，横格六行，小姑娘每次都写得满满的，有时还会在试卷最下方的空白处再加上一行。交上试卷，回到家里，还不忘得意扬扬地对妈妈炫耀一番："妈，这次，我的看图写话写得可好了，卷子上给的格子都不够我用的，我又在下面空白处加了一行！”

一个学期没结束呢，孩子对看图写话的热情大减，看到图画就条件反射似的皱眉头：“妈，我最讨厌看图写话了！”怎么回事呢？到底是什么原因浇灭了孩子对看图写话的热情呢？

原来，看图写话的一般要求是“根据图意写一段话”。孩子得注意观察图上画了什么内容，然后展开想象的翅膀进行写话。老师阅卷时一般看孩子的写作重点放在图上了没有。比如图上画的是几个孩子在堆雪人，那么，孩子的重点就得写这几个孩子是怎么堆雪人的。如果小作者任由想象天马行空，编成童话了，雪人跟堆雪人的孩子开心地玩了起来。那么，小作者写得再好，也得按跑题算！我们这位小姑娘恰恰就属于这种让想象信马由缰的主儿，虽然她笔下的人物全都是图上画的，但写作重点跑偏了。所以，每次写话，她总是得不了高分。于是，她的自信心受到了严重打击，越来越怕写话，越来越讨厌写话了。

一个单元学完了，又到了单元测试的时间。测试结果很糟糕，一个级部六个班的孩子，均错得一塌糊涂：不是拼音写错了，就是调号标错了，要不就是学过的生字写错了，有些孩子整道题都空着，或者驴唇不对马嘴地胡乱写！

晚上躺在床上，心里很是不平静：孩子们不会做是谁的错？是老师没好好教吗？是孩子没认真学吗？都不是，问题出在试卷上！是孩子不知道那一道一道的题到底是怎么回事，他们还太小，不理解成年人给出的题目要求是什么，看不懂成年人的出题意图！

比如：

“猫”这个字用音序查字法先查音序（　），再查音节（　）。

有孩子这样做：猫”这个字用音序查字法先查音序（M），再查音节（zài）。明明是“猫”，音序都填对了，说明孩子会读这个字，会读为什么把音节写得驴唇不对马嘴呢？

孩子一本正经地给出了解释：老师，“再”查音节，再的音节不就是“zài”吗？

所以说，孩子不是不会，是读不懂题呀！

基于此，我想：能否将低年级的语文考试改革一下，尽量不让小小的孩子早早陷于试卷的泥淖中？比如，低年级学生只测读书和讲故事的能力以及写字水平，首先将读书与写字的基础打扎实。

苏联心理学家斯米尔诺夫的研究表明，在小学一年级的书面语言中，词的数量比口头言语数量少一倍，比例为20：40，到了二年级相应比例为42：46，从四年级起，书面语言才开始占优势。

看，孩子心理发展的特点决定了小学低年级不宜写太长的书面语言。

低年级特别是一年级的孩子提前进行写话测试，受伤的不仅仅是他们对于写话的热情，还有他们柔弱的骨骼！

虽然现在的孩子因为接触到的信息量大，看上去比过去的孩子聪明多了，但他们的生理发育特点跟原来的孩子没有多大区别。他们可以编出一个一波三折的故事，但手指的特点决定了他们不能顺利地写出那么长的故事。考试时，即使辛辛苦苦写出来，囿于他们的年龄特点及注意力特点，也很有可能把重点放偏，导致自己的劳动打了水漂！

刚入一年级的孩子，正处于从幼儿期到儿童期过渡的年龄，资料显示：这个年龄阶段的孩子，骨骼成分中，胶原纤维含量大于三分之一，磷酸钙和碳酸钙的含量则小于三分之二。所以，幼儿的骨骼柔软、有弹性，不易折，但容易变形。请注意最后四个字“容易变形”！

容易变形的何止手指骨骼！一年级的孩子，脊柱和胸廓一样容易变形！

孩子写字姿势与他们的脊柱和胸廓的发育息息相

关！如果孩子写字时间过长，势必会因疲劳而不能保持正确的书写姿势，从而影响到孩子脊柱与胸廓的正常发育，进而影响内脏器官的正常生理运动，也就是说，孩子的正常生长发育将会受到影响！

所以说，一年级的孩子，无论生理上还是心理上，都无法承受看图写话这类试题给他们带来的压力，过早进行写话训练，也许不能说对孩子有百害而无一利，但以我的能力，实在找不到那“一利”在哪里！

为了更好地进行语文教学，国家花费了大量的人力物力重新编写了部编版语文教科书。教材是越来越好了，但如果命题的理念不变，教材改得再好也难以发挥出它应有的作用。

孩子正在成长的时候，我们不去了解他（她）的身高体重的变化，他（她）们也不会因为我们的不关注而停止生长，更不会因为我们天天称体重量身高而加快生长。孩子们会按自己的节奏一天天长大的。小学，特别是小学低段，少去“称重”“量高”吧，让孩子快乐识字，开心读书，静静成长吧。

窃以为：语文教学改革，必须从命题开始！

小学教育中的“内卷化”现象

内卷就是：“某种文化达到某种最终形态，无法自我稳定，也无法转变为新的形态后，只能使自己在内部更加复杂化。”这是美国文化人类学家格尔茨对内卷的解释。

引用万维钢老师的话来说，所谓“内卷”，直观地说，就是向内演化，是精细化，是低水平的复杂，是一种无声的悲哀。陷入内卷的人很可能乐在其中，都不觉得那是悲哀。

我们以小学语文为例，谈一谈小学教育中试题的内卷化。记不得从哪一年开始了，总有语文老师感叹：

这次考试又有几个不及格的。

那次考试不仅有学生不及格，更令人崩溃的是，有人竟然考了十几分，差一点就是个位数了！（虽然考试实行等级制，但等级是跟分数匹配的。）

说这话的老师，从一年级到六年级都有！

一年级那么简单的知识，能正常跟班就读的孩子一定都能学会！那为什么没学会呢？

唯一的原因：不想学！

我们来看看一年级的孩子对学习的兴趣是怎样被一点点磨没的。

孩子进入一年级，首先要学习的是识字的工具：拼音。

对于拼音教学，课程标准在识记、拼读及书写方面的要求是：正确认识声母和韵母，熟记《汉语拼音字母表》，准确拼读音节；正确书写声母、韵母和音节。

注意课程标准对汉语拼音的书写要求是：正确书写，没要求默写！没要求默写！没要求默写！重要的事情说三遍。

孩子们只要达到了课标上的要求，汉语拼音就可以充分发挥它的识字、正音的作用了。其他时间，孩子们应该做的，就是在老师的引导下，进行各种各样的阅读，借助汉语拼音进行阅读，阅读适合他们年龄特点的作品，在阅读中反复巩固汉语拼音，同时借助汉语拼音认识汉字。

但实际情况呢？从一年级起，每个单元都有单元卷。

一年级的孩子，特别是一年级上半学期的孩子，主要学的是拼音，汉字学得很少。那考什么呢？

出题的人有的是办法：把汉语拼音翻来覆去，分分合合，极尽其变化多端之能事，终于凑成了一份试卷。只要能凑出第一份试卷，那第二份第三份第四份……都在同一个模式下纷纷出炉了。

怎么翻来覆去、颠来倒去的呢？本来孩子会写声母、韵母、音节就可以了，但试卷上的题是这样出的：

合成：

q—ü—an→(　)　　　(　)—(　)—(　)→quan

l—un→(　)　　　(　)→(　)→jun

分解：

nüe→(　)—(　)　　　xue→(　)—(　)

当然，关于拼音的五花八门的题型还有好多好多。

孩子们本来是会拼读的，但让试卷这么一折腾，就不会了。

比如ju，孩子们看到这个音节是会拼读的，关于j、q、x与ü相拼的规则也是知道的，看到这个音节，孩子们会说：小ü见了j、q、x，摘掉墨镜还读ü。j和ü组成ju；ju可以分成j和ü。但碰到试卷上“j—ü→(　)；ju→j—(　)”这样的题，如果不进行强化训练，孩子写错的可能性就非常大。孩子太小，虽然在我们很好玩儿的授课方式下，他们很快明白了是怎么回事，并能清楚明白地说出拼读规则，但要让他们正确写出这种分分合合的试题，并不容易。

从拼音的作用上来说，会正确拼读，就可以了，那种分分合合的试题完全是低水平的重复。我们的孩子不是在掌握工具之后运用工具进行大量的语言实践，在实践中学习语言，运用语言，增强语感，提高语言表达能力，而是就拼音说拼音，把这一识字工具拆得七零八落，围绕汉语拼音不断向内演化，把学生困在汉语拼音之中进行各种低水平的精细化的复杂练习测试，这实在是极大的浪费——对于老师及学生来说，都是对宝贵生命的极大浪费！

这种向内演化的试卷，比比皆是，比如：

下面的字加一笔变成什么字？

日（　），二（　），人（　）

请写出带有下面笔画的字：

一（　），丿（　），丨（　），㇇（　），㇛（　），𠃋（　）

类似的试题还有很多，老师们可以脑补一下。

我当然知道出题人是想让孩子记住所学的为数不多的几个汉字（一年级上册第四单元之前，也就是期中测试之前，包括“一二三”在内，总共才29个汉字）。但是，让孩子们记住所学的字的方法很多，比如换环境识字（其实就是扩大阅读量）。所以，我们完全没有必要让孩子在这种训练精细化方面去浪费精力，只要让我们的孩子把必须掌握的汉字学会了，写漂亮了，就达到目标了。为什么非得出这种在低水平上反复精细化的试题呢？

其实，我们本来可以让孩子利用低水平重复的时间去扩大阅读量，增加他们生命的广度和高度的，结果，我们让试卷牵着鼻子走，把时间都用在这种向内演化的精细化上了，这无疑是时间上的极大浪费。鲁迅说：时间是组成生命的材料，无端地空耗别人的时间，无异于谋财害命。那么，我们在小学教育上的这种内卷，无异于是对孩子、家长和老师的谋财害命。

然而，对于这种浪费，大家居然都不自觉。陷入内卷的部分家长、老师和学生，真的很可能乐在其中。因为，有些人品尝到了在测试中名列前茅的幸福感。

这真是一种无声的悲哀。

语文教研，经历了从粗放经营到精耕细作的发展过程。研读文本的精耕细作，有一个专有名词叫“文本细读”。细读是必须的，但细读要结合孩子的年龄特点，过犹不及，过度细读，其实就陷入了教学的“内卷”。

比如：王崧舟老师的《枫桥夜泊》这一节课，从欣赏的角度考量，确实是一节好课！但欣赏的主体一定是成年人，而且是有一定文化素养的成年人。成年人的阅历决定了他们对“愁眠”有切身的体会；成年人的阅读背景决定了他们对“乌啼”“古寺钟声”有一定深度的感悟。因为有切身体会，有比较深刻的感悟，所以他们对张继的“愁眠”，对传入张继耳中的“乌啼”“钟声”是有共鸣的，所以，听王崧舟老师这样解读《枫桥夜泊》，他们一定产生了“原来如此”的恍然大悟之感。但对于人生阅历、阅读背景都比较单纯的孩子而言呢？这种细读，在学生心里，泛起的涟漪并不大，也就是说，针对这首诗的细读，是有内卷之嫌的。

以上观点仅与王崧舟老师商榷。

文本过度细读的案例绝不仅这一课。文本的过度细读导致了讲解一篇课文耗时过长，学生从事阅读等其他活动的时间势必缩短。

所以，文本研读方面的“内卷化”，从某种意义上来说，也是一种浪费。然而，我们的老师正在不遗余力地进行着文本细读，而且乐在其中，这是不是一种悲哀？

小学教育，如何突破内卷？应该是部编教材给所有语文老师下达的一个新课题，布置的一个新任务。

语文教研，特别是小学语文教研，真的是任重而道远。

小学试题中的超纲现象

教育，必须要依据孩子的年龄特点和认知规律。安排孩子的学习内容，一定要遵循“最近发展区理论”。学习内容过浅，缺乏挑战性，孩子会不屑于学；学习内容过难，严重超越孩子的能力范围，孩子别说跳一跳能够得着了，就是搬个凳子踩上去也触不可及，孩子同样没兴趣学。

我们给孩子设置的学习任务既要有一定的难度，又要让孩子跳一跳能够得着，学得会。这才能不断激发孩子学习的欲望与求知的热情。

但理想很丰满，现实往往很骨感。小学阶段，无论语文还是数学，都存在着超纲问题。网上经常晒出一些诸如“难倒老师的一年级数学题”“家长会做一年级的数学题吗”一类的话题。

比如这个找规律的题，是小学一年级的数学题：

括号里应该填什么图形？

○△○○△○○△○（　　　）

请问，你看出来什么规律了吗？请对照答案自我评价一下吧。

○△○○△○○△○（○△○）

你答对了吗？对于理工科的高才生或者考上公务员的人来说，这道找规律的题肯定不算什么，但是，对于一年级的刚刚六岁的小娃娃来说呢？这弯弯绕得是不是有点大？

再看下面这道应用题，依然是一道小学一年级的数学题：

教室里有 20 个男生，7 个女生，走出去 5 个男生，还有几个男生？

作为成年人，这道题看着简单得很，但对于一个六岁的小娃娃来说呢，这坑挖得是不是有点深？

我们必须承认，以上两道题的目的是为了培养学生的逻辑思维能力。所谓逻辑思维能力，指的是对事物进行观察、比较、分析、综合、抽象、概括、判断、推理的能力。小学低段的孩子这方面的能力还比较弱，正是需要我们小心呵护，慢慢培养的阶段。这一阶段，千万不能操之过急。一定要遵循最近发展区理论，不强求，不超越，顺其自然，稳步推进。

语文方面的超纲现象我在前文中已经提及，再举一个阅读理解方面的例子。

阅读的过程本来是一种再造想象的过程。

何谓再造想象呢？

根据语言的表述或非语言的描绘（图样、图解、模型、符号记录等），在头脑中形成有关事物的形象的想象，就是再造想象。

再造想象依赖于头脑中已有表象的数量和质量，正确反映客观现实的表象愈丰富，再造想象的内容就愈生动、准确。

请问，斗大字不识一筐的孩子，头脑中已有的表象有多少？生活经验与阅读经验都极其欠缺的情况下，让孩子去做阅读理解，这不是开玩笑吗？更重要的是，孩子识字量有限，一篇不长的文章，他们都得付出很大的努力才能读下来。教过一年级的老师都知道，一年级的孩子把课文正确流利读下来需要多长时间！考场上有限的时间里，孩子能读下来一篇小短文吗？当然，我不怀疑提前识字的孩子能读下来，但零起点的孩子怎么办？如果孩子连读下来都困难，又何谈理解？

如此说来，让一年级的孩子做阅读理解，太操之过急，无异于杀鸡取卵。孩子兴致勃勃来学习，结果，考一次，遇见一只大老虎，再考一次，再遇见一只大老虎，吓都吓死了，哪还有什么学习的兴趣哟。学习的兴趣早早给吓没了，终身学习理念如何落实？

多少年了，我一直呼吁：一年级的孩子，不要动不动就考试，整个一年级，甚至是整个小学低段，都可以不考试。为什么这样呼吁呢？

举例说明：如果我们身体的某个地方受伤了，伤得比较重，必须涂上药。接下来我们怎么做呢？好好等着伤口慢慢痊愈，对吧。没有谁天天打开伤口，测验一下医生的治疗效果吧。

正确的做法是：耐心等伤口好了，然后该做什么做什么去。如果没事就扒开伤口查看一下伤口愈合情况，估计，这伤口的愈合速度要大打折扣了。

由此可见，我们是不可以经常性组织测试的，只要孩子每天都有进步就行。偶尔考一次的话，给孩子做的试题，是不可以超纲的。超纲，会泼灭了孩子求知的兴趣！

阅卷工作中的“疑罪从无”原则

从事教育工作十多个年头了，阅卷工作做了多少次已经记不清楚了。阅卷工作中出现的一些遗憾的事情倒是记得很清楚。这些事情如骨鲠在喉，不吐实在不快。因为阅卷工作中遇到了憾事，所以就想到了阅卷工作应遵循的原则——套用一句法律术语就是“疑罪从无”。我觉得我们以前的阅卷工作一贯采用的是“疑罪从有”原则，但是，“疑罪从无”才是阅卷工作必须遵循的原则呀。

所谓“疑罪从有”，司法上的解释是这样的：先假设其有罪，然后搜集其“有罪”的证据。

由“疑罪从有”这四个字，我们很自然地会想到那个八字成语：“欲加之罪，何患无辞”。也就是说，“疑罪从有”原则很有可能造成冤假错案。

所谓“疑罪从无”就是说：在诉讼过程中，先推定被告人无罪；要证明其犯罪，必须有确实、充分的证据，否则要按有利于被告人的结果来处理。具体到疑罪，则应作出无罪判决。这一原则的出台就从根本上杜绝了冤假错案的发生，从而充分尊重了公民的合法权利。

反思我们的阅卷工作，出于种种原因，我们常常对学生的另类答案“疑罪从有”，大笔一挥，孩子经过慎重考虑而写出的答案就会在一秒钟内被阅卷老师给无情地“枪毙”掉，至于个中的疑点，我们根本就无暇顾及。

记得那次阅卷时，一个孩子造的句子在给我们枯燥的改卷工作带来了一股快乐的春风后，马上就被老师毫不留情地扣去了该题的所有分数。事情就发生在我们办公室：

大家正改着卷子，张老师突然说：“大家听听这个句子对不对？”然后她大声地读出了那个她自己拿不准该打对号还是该打错号的句子：“老奶奶那饱经沧桑的脸上爬着一只惊慌失措的蚂蚁。”此句一出，整个改卷现场一片笑声。笑声中传来了一句评价：“这个孩子可真会发散思维啊！”（可惜的是我没能从这位老师的语气中听出赞扬的意思。）大家只顾笑了，都忘了张老师读这句话给大家听的目的了。张老师不得不又问了一遍：“别光笑，你们觉得这句话对不对？”“还用说呀，错！”“这句话当笑话说说还行，作为句子就不对了。”“这学生的想象力值得表扬，但这个句子只能判错。”大家七嘴八舌地发表着各自的意见，但没有一个人能清楚地说出判其为错的充分理由。当时，我只是觉得这个句子的主谓宾都有，从句子的组成上来说是没问题的，但句子的内容……是不是有点离谱啊？对于大家公认的应该判错的决定我也没提出异议来，于是这个句子就背上了一个大大的差号。

后来与一个朋友聊天时，本着快乐与大家共享的原则，我又提起了这个句子。朋友听后果然大笑，边笑边说：“这小子可真体谅你们这些老师啊，知道你们辛苦，考场上还不忘幽默一把，逗你们哈哈一笑，让你们开开心心地给他打对号！”我吃了一惊——朋友竟毫不犹豫地认为这个句子是正确的！我底气不足地反问一句：“这个句子句式上是没问题的，但内容不太合常理吧？”没想到朋友更吃惊：“你们给人家判错了？”我点了点头。朋友有点气愤了：“凭什么呀？内容怎么错了？老奶奶脸上那一道道皱纹对于小小的蚂蚁来说，就是纵横的沟壑呀，小蚂蚁无意间闯进了沟壑纵横的地带来了，怎么能不惊慌失措呢？人家的这个句子何错之有啊！我现在总算明白了，天才就是这样被你们扼杀的！”朋友的一席话如醍醐灌顶一般惊醒了我，是呀，孩子的句子何错之有啊，即便是改卷的当时，我们也没有充分的理由证明这个句子是错的呀，我们只是想当然地认为这个句子太好笑了——蚂蚁怎么会在人的脸上惊惶失措地爬呢？对于如此可笑的句子一定要打错没商量！在决定给孩子判错的前提下，我们才给自己的认定找了个理由：内容不合常理！天知道什么样的理才是“常理”呀。我们认定的“常理”大概就是我们自己僵化的、已成定势的思维方式吧。富于创新精神的孩子为我们送来了一把开启我们生了锈的思维的金钥匙，而我们则在傻笑一通之后毫不犹豫地丢掉了它！阅卷工作中的“疑罪从有”原则既打击了孩子的开放性思维，也限制了老师们主动学习新思想的途径，真是害人不浅呀！

这次期末考试，试卷上有这么一道题：“把下面的词句补充完整，并用上其中的几个词句写一段话。”题中共有八个词语，四个句子。说实话，这道题的要求里可能有个字打错了，“用上几个词句”中的“句”可能是“语”。理由有二，其一，写话时，用上几个词语好办，用上几个句子就不好办了。其二，这道题中的八个词语是写景的，四个句子是关于学习或爱国的，很难把它们拉到一起去，即使勉强拉到一起，也是生拉硬拽。但这只是老师的猜测，并没有得到出题人的认可。学生们做这道题时也很为难，所以改卷时老师商定这道题的批改从宽处理，孩子写的那段话只要用上几个词语就行了，句子用不用都算对。没想到在这样的思想指导下的阅卷工作依然出了令人遗憾的事情：

试卷发下来后，一个学生拿着试卷来找我，指着她写的那段话问我错在哪里。搭眼一看，一个大大的差号耀武扬威地横在那里，正向着我们示威呢。我仔细看了一遍孩子写的那段话："我是一个喜欢旅游的人，常去各地旅游。来到岳飞墓前，我会想起一寸丹心图报国，两行清泪为思亲。来到泰山顶上，看到云蒸霞蔚，我会感到心旷神怡。"划横线的是用到的本题中的词语和句子。哪里错了呢？我琢磨了半天也没琢磨出个所以然来，只好胡诌了一个理由："来到岳飞墓前，最好想起'青山有幸埋忠骨，白铁无辜铸佞臣。'（这个句子也是本题中的）一看到这副对联人们很自然地就想起岳飞来。至于那句'一寸丹心图报国，两行清泪为思亲'用在这里有点牵强。"孩子疑惑地点着头，拿着试卷回去了。我的心里一阵阵的发紧，我知道孩子不明白，我也不明白呀！岳飞的精忠报国是出了名的，三十功名尘与土，八千里路云和月，别家辞母，能不思亲吗？来到岳飞墓前，想起"一寸丹心图报国，两行清泪为思亲"怎能不对呢？我不知道改这道题的那位老师当时是怎么想的，反正他看到这道题后的第一反应肯定是觉得孩子这样写不合适，不合适就判错。典型的“疑罪从有”！“疑罪从有”从效率上来说缩短了老师判卷时的思考时间，但是却使得我们的孩子错得糊里糊涂，如堕五里雾中，有时还会给孩子一个错误的导向，真的有点得不偿失。

类似的判卷作风在其他科目中也存在着，比如数学题中的表面积计算时，鱼缸灯笼之类的几何体到底算几个面？孩子的考虑也许跟老师的标准答案会不一样，但未必就是错的，如果不分青红皂白凡跟标准答案不一样的一律按错来算，肯定会伤害到某些学生。

如果因为我们老师的思维定式或考虑不周而导致在阅卷工作中出现“冤假错案”，使得类似于“雪化了是春天”般的富有灵性与灵气的答案失去它生存的土壤，从而戕害了孩子的发散思维，那不仅是一大憾事的问题了，简直是对未来的不负责任。

在法律上，由“疑罪从有”到“疑罪从无”反映了司法的进步，我们的阅卷工作也应该摒弃以往的“疑罪从有”，进而遵循“疑罪从无”的原则，这样既避免了老师的自以为是，又尊重与支持了孩子独特的思考，实在是一举两得的事。

“疑罪从有”会折断孩子想象的翅膀，让刚学会飞翔的小鸟失去蓝天，只会在我们建设好的大厦里小心翼翼地飞；“疑罪从无”则是一把打开孩子思维枷锁的钥匙，给孩子提供了一个可以大胆飞翔的广阔天空，历练后的小鸟才会成长为搏击长空的雄鹰。

阅卷工作中坚持“疑罪从无”原则不仅是阅卷工作的一大进步，更是培养孩子创新精神的有力支撑。如果说创新是一个国家兴旺发达的不竭动力，那么阅卷工作中的“疑罪从无”原则无疑就是这不竭动力的源头活水。

谁能不希望我们的源头活水越流越欢畅呢？

“不仅……而且……”的悲哀

前两天进行了期中考试，试卷上有这么一道试题：

在下面的括号里填上恰当的关联词语。

那个到邯郸学步的青年人（ ）没学会邯郸人的走路姿势，（ ）把自己原来的走法也忘了，只好爬着回去了。

正确的答案是：“不但……而且……”或者是“不仅……还……”。有的学生填的是“不仅……而且……”。填上这一对关联词语，这个句子就成了“那个到邯郸学步的青年人不仅没学会邯郸人的走路姿势，而且把自己原来的走法也忘了，只好爬着回去了。”我感觉这样填也可以，没有改变句子的递进关系，读着也很顺畅，怎么不对呢？可是，其他班的老师们把凡是这样写答案的学生都给判“死刑”了，问他们原因，他们说：“我们曾把所有的关联词语都拉出来过，那里边根本没有‘不仅……而且……’这么一种搭配，只有‘不但……而且’和‘不仅……还……’。所以凡是写‘不仅……而且……’一律是错的！”这位老师的话虽然如此铿锵有力，但听得我是一头雾水——有据可查的关联词语里没出现过的就一定是错的吗？社会在发展，词汇量也在不断地扩大队伍，这是不争的事实，为什么独独对关联词语这么求全责备呢？“不仅……还……”应该是一对约定俗成的关联词语，但不约定俗成的也未必就是错的呀。什么叫关联词语？不就是能把两个甚至几个意思相关的句子联系在一起的词语吗？既然这样，为什么还要对“不仅……而且……”还是“不仅……还……”如此较真呢？我把我的想法对同事说了出来，同事说：“升学考试时，标准答案一定是‘不仅……还……’学生要是写‘不仅……而且……’的话，改卷的老师可就打错没商量了。”“何以见得？”我觉得同事是在想当然，没想到同事竟然真的有事实依据。他说零五年他教的那届毕业班就考过这样一道题，他的学生大部分填的是“不仅……而且……”结果是错得一塌糊涂，那可真是一次血的教训啊。说到这里，我的同事长叹一声。我不知他是为那次的失分惨痛而叹，还是为如此僵化的改卷方式而叹。我听了，好半天没说话——“不仅”与“而且”作为一对关联词语，谁都不认为不妥当，可是，就因为那次阅卷老师一刀切的改卷作风，把那么多本来正确的答案给处决了，还使那么多无辜的学生受到了不公的待遇。于是，我们的老师们在教学时也就采取了一刀切的方式，把具有深厚文化底蕴的语文教成答案相对标准的常识。语文的人文性就这样被戕害了，这是谁的悲哀？

写到这里，我不由得想起了台湾作家林清玄写的一篇文章。在文章里，他回忆了他小时候写作文的事。他说当时他们班的学生特别喜欢用“光阴似箭，日月如梭”。所有的学生都用，而且几乎每一篇文章都用，他们的老师终于忍无可忍了，发脾气说：“以后任何人不许再用这个成语！”于是，“光阴似箭”和“日月如梭”在学生们的作文里一时间变得热闹了起来，有的写“光阴似水，日月如云”，有的写“光阴似风，日月如电”，有的写“光阴似蝴蝶，翩翩飞去；日月如蜜蜂，一次只留下一些甜蜜的回忆……”于是，学生们的创造力全被激发出来了。也许，正是有了这位老师的这种要求，才有了林清玄将来的文学创作吧。可是，如果林清玄的老师在我们这里教学的话，他的这一班具有如此创造力的学生能考多少分呢？我们除了认定“光阴似箭，日月如梭”是正确的外，还会认为光阴似什么正确呢？照这个老师的教法，他的学生的卷面上肯定是错号多于对号了。

但恰恰是错号多的学生才具有了开阔的思维，才具有了创造的灵感，才有了走出循规蹈矩的窠臼的可能。然而，我们所做的正是逼孩子走进循规蹈矩的轮回里呀。真的不敢想象，在我们的日常教学中，有多少“不仅……而且……”似的悲哀在上演着呢？

这是“不仅……而且……”的悲哀，更是语文教学的悲哀啊！

剖析“教材无非是例子”

叶圣陶先生说：“语文教材无非是个例子，凭这个例子要使学生能够举一反三，练成阅读和作文的熟练技能。”韩愈说：“文以载道。”当孩子练成了阅读和作文的熟练技能之后，他既能很好地悟到文中之道，也能很好地将自己想表达的“道”凭借文章来传达了。

那么，如何利用好教材这个例子，来训练学生的阅读和作文的熟练技能呢？我们一起来剖析一下“课文无非是例子”这句话。

第一，品析“例子”。

“例子”一词，我们得好好品味一番。何谓例子？百度上说，性质类同的事物中具有代表性的单个；字典上说，用来帮助说明或证明某种情况或说法的事物。两种表达方式，一个意思：学会这一个，弄懂这一类。

第二，剖析“课文无非是例子”为什么落实不到位，即：语文高耗低效的原因。

理解了“例子”的意思，我们就清楚了课文的价值——课文相当于数学上的例题。例题，肯定是一课一得，比如，这个例题是证明勾股定理的，那么，这节课就这一个目标——学会勾股定理，并会利用勾股定理解决问题。用数学上的例题来对应语文上的课文，“课文无非是例子”这七个字就非常容易理解了。

虽然理解起来没难度，但落实起来却相当不容易。从叶老先生提出这一口号到现在，我们真正把课文当例子的老师依然为数不多。原因何在？

教了20多年书，听了20多年课，也指导别人讲了十多年的课，在不断地上课听课评课的过程中，我渐渐明白，语文之所以很难落实“例子”这一理念，关键是教学目标定得太多！目标一多，效果肯定不好。理由一：这也想要，那也想捞，最后自己都有可能被自己绕晕——以己昏昏，岂能使人昭昭？理由二：一节课目标很多，容量很大，即使每一个目标都引导学生学到位了，但是40分钟内学好几项新知识，每一项新知识都被前摄抑制或后摄抑制影响着，岂有学好之理？理由三：每一目标的完成都需要时间，而课堂只有40分钟，目标一多，留给每一项目标的也只能是蜻蜓点水的时间了，复习巩固是不可能了。学而不练，学而不习，岂有学好之理？

第三，“课文无非是例子”例谈。

有感于以上种种原因，个人认为：语文课最有效的教学便是一课一得！

如果每课只定一个目标，像数学课那样，要学分数应用题，这节课就只解决分数应用题；要学相遇问题，这节课就解决一个相遇问题，那么，语文课也能做到当堂学会，当堂练习，既有效率，又有质量。彻底摘掉“高耗低效”的帽子。

前两天研究丰子恺先生的《手指》一文。这是部编版小学语文五年级下册的第22课。

本文作者用风趣幽默的语言介绍了五个手指的特点，意在告诉世人：尺有所短，寸有所长，人活一世，不要跟人争什么短长，而是要精诚团结，充分发挥每个人的作用。

课后练习4道题：①说说五根手指的作用；②体会课文语言的风趣幽默；③作者笔下的手指分别让你联想到生活中的哪些人；④仿照课文的表达方法，从人的五官中选一个，写一段话。

有老师一节课把课后4个练习题所涉及的内容全部处理完了。容量确实够大，但每项任务都蜻蜓点水，匆匆而过。课后找学生了解情况，问学生这节课学到了什么，学生半天不知道该说啥。学生的反应，说明老师的这堂课失败了——目标太多了，贪多嚼不烂！

如何合理制定目标呢？首先要关注单元训练重点。

本单元的训练重点——感受课文风趣的语言，也就是说，这个课例是让学生学习这种幽默风趣的语言的，清楚了这一主旨，我们最终把目标定为：学习课文幽默风趣的语言，运用这种语言说说五根手指的特点。简单来说，就是“学语言，用语言。”这样一来，目标少了，老师与学生就可以集中精力品味语言了，课堂效果就特别好！

课堂上把语言玩味儿透了，运用就不成问题了。课下，选五官中的一个写下来，孩子完成起来就相当容易了。

接下来我以《庐山的云雾》为例，具体说说我们是如何落实“课文无非是例子”这一理念的。

这一课，预设两课时完成。第一课时，（按数学做应用题的流程，先读题）目标设定一个：正确流利有感情地朗读课文。（“识字”“理解生字词”其实是包含在这一目标之内的，因为只有识记了生字、理解了关键字词，才能读懂课文，才能把课文读流利，才能做到朗读有感情）。第二课时目标依然是一个：有趣的中心句。《庐山的云雾》这一课第二、三自然段的构段特点都是围绕中心句把内容写具体，课标中关于中段学生的阅读教学有这样一项要求：体会课文中关键词句表情达意的作用。而这两个自然段的中心句“庐山的云雾千姿百态”和“庐山的云雾瞬息万变”均属于这一课中的关键句子。由此可知，体会这两个中心句——关键句子表情达意的作用，正是在落实课标的要求。这一课的这两个自然段正是落实这一课标要求的最佳范例！

根据课标要求及教材特点，我们的第二课时课题就不再板书《庐山的云雾》了，而是直接把目标作为了课题——《有趣的中心句》，这样，老师在备课时才会思路更清晰，孩子们在学习时才会目标更明确。

事实验证了我的预测。

备课时，我们的目标就定一个——“有趣的中心句”，然后直奔主题，研究这两个段落。首先以第二自然段为例研究什么是中心句。老师先引导学生抓住文中“白色绒帽”“一条条玉带”“茫茫的大海”“巨大的天幕”这四组词语，来想象庐山云雾的样子，再结合课前准备的庐山云雾的图片资料，让学生用上“庐山的云雾像________的________，”说一说自己看到的庐山云雾的样子，最后让学生展开想象，想象庐山的云雾还会有哪些样子，从而让学生对“千姿百态”有了直观形象的理解。

在此基础上老师总结："同学们看，像这样，其他内容都围绕'庐山的云雾千姿百态'这一句话来写，这句话就是这一段话的中心句。"

通过第二自然段的学习，同学们知道了什么叫中心句，其他内容都是怎样围绕中心句来写的。之后，老师趁热打铁，放手让学生自学第三自然段，大屏出示自学内容：①标出本自然段的中心句；②说说围绕中心句写了哪些内容。

由于这两个自然段结构完全一样，学生照葫芦画瓢，很快完成了任务。为了让学生学得更透彻，老师在学生自学的基础上，又引导学生抓住"刚刚还是""转眼间""明明是""还没等你完全看清楚"这几个词语，进一步理解"瞬息"一词的确切意思，抓住省略号，引导学生用上表示时间短的词语，说一说庐山的云雾还可能由什么样很快变成什么样，进而形象感知"万变"一词的意思。通过老师这样一点拨，学生对这一段的中心句"庐山的云雾瞬息万变"在这一段中的作用就有了直观形象的认知——概括这一段的主要内容。

利用文中的这两段例子，学生们就学会了什么是中心句，知道围绕中心句都写了哪些内容，也明白了中心句在表情达意方面的作用是什么。

至此，"例题"讲完，接下来进入正式的练习环节。

老师发下事先打印好的有中心句的三个段落，（这几个段落的中心句都是放在开头的）让学生当堂练习，练习要求出示在大屏幕上：①标出中心句；②思考：围绕中心句分别写了什么；③中心句的作用是什么。

因为目标专一，所以学生学得很扎实，很快就读懂了这三个段落，完成了练习。

我们都知道，中心句不一定都像《庐山的云雾》中的二、三自然段落那样，放在句子的开头。所以，当学生把中心句放在开头的段落烂熟于心之后，老师又荡开一笔："同学们，中心句不一定都放在开头，有的会放在结尾，起到总结全文（或全段）的作用，有的会放在中间，既起到承上启下的作用，又起到概括全文（或全段）的作用。"接下来还是例段"伺候"："请大家看看这三段文字（阅读内容提前发在学生手中），然后完成以下练习。"（大屏出示阅读要求：①请标出中心句；②思考：围绕中心句写了哪些内容；③中心句的作用是什么。）

通过这样的一讲三练，孩子对中心句就有了一个全面的认识，中心句这个知识点学生就学扎实了——这就是把课文当例子！一课一得，当堂学会当堂练习，让学生在课堂上实实在在地做到举一例而以三例反！这就是高效率，这才是高质量。

以上课例教给学生的是阅读方法，培养的是阅读能力。语文无非培养学生的听说读写能力。根据课标要求、教材特点及孩子的年龄特点，我们可以设计不同的课型，研究不同的教法，选出合适的“例题”培养孩子各方面的能力。但请切记一条：要想让老师讲得透彻，学生学得扎实，练得深入，获得理想的教学效果，个人感觉，必须做到一课一得！

我们就是这样，一课一得，一步一步，扎扎实实走在“课文无非是例子”的研讨之路上，当然，也取得了较为理想的效果。我相信，只要我们实实在在把课文当例子，一课一得，坚持下去，语文课，一定会走出高耗低效的怪圈。

下篇

教苑杂谈

求关注的孩子

周四,一个孩子放学后不回家，爬到高处直挺挺倒下去，摔到地上后一动不动。把路人吓一大跳，以为这孩子摔坏了。恰巧孩子的老师路过这里，看到是自己班的孩子，马上给孩子的家长打了电话。孩子的家离学校很近，孩子的妈妈很快赶了过来。奇怪的是，她并没有急着把孩子送往医院，而是蹲在孩子身边，一边陪着孩子，一边给孩子的爸爸打了个电话。孩子的爸爸正在下边县城，快马加鞭往回赶，也得将近一个小时的时间。孩子的妈妈很有耐心地蹲在孩子身边，静静地等孩子的爸爸。路人很不解地问:“你怎么不赶紧送孩子到医院?”孩子妈很淡定地说:“他没事。”听孩子妈妈这样说，路人就散去了，孩子老师出于对学生的关心，一直陪在他们娘俩身边。于是，画面就定格在了这样一种状态：孩子躺在冰凉的地板上，妈妈蹲在孩子身边，老师一会儿看看孩子，一会儿望望路的远处，希望能看到孩子爸爸的车出现在自己的视线里。

就这样，一直等到天完全黑下来，孩子的爸爸才赶来，把孩子送到医院一查，孩子健康得跟牛犊似的，一点事儿也没有。大人们终于放下心来，各自回家。

得知这一情况后，我向孩子的班主任深入了解了孩子的过往，这才知道，孩子经常翻墙越院，经常这样直挺挺往下摔，老师就这样的事情跟孩子家长沟通了很多次，但效果还是不明显。

哦，孩子直挺挺摔到地上，且一动不动，孩子的妈妈竟然一点都不担心，原因在这里呀。

但令人费解的是，孩子的妈妈明知孩子没有事情，为什么还蹲在一动不动的孩子身边将近一个小时呢？

更令人费解的是，这个孩子为什么要躺在冰凉的水泥地面上一动不动呢？他的目的是什么？

疑惑还没解开，周五上午，我在听课，手机响了，是那个孩子的班主任打来的，他说这个孩子自己横躺在楼梯上，然后一级一级从楼梯上滚下来，滚落到走廊上，又从走廊上滚到楼前的空地上，现在正一动不动地躺在水泥地面上呢，这可怎么办呀？听得出来，老师很担心。猛一听到这个消息，我也吓了一大跳：从楼梯上滚下来，这可不是闹着玩的！这孩子怎么了？是不是有自虐症？

因为担心，我一溜小跑赶了过去，一眼看到这个孩子安静地躺在地上，眼珠子骨碌碌乱转，一双小手不知摸了什么东西，黑得跟刚从矿下爬出来似的。就这，人家还伸出小手饶有兴致地欣赏呢！这下，我放心了——这小家伙，好着呢！

他的两位老师则一脸担心地守着他，寸步不敢离。此情此景，一下子解开了我心中的疑惑：这孩子躺在地上的目的，就是在享受有人守着他的感觉。他用这种方式，来强迫别人关注他，关心他！

恍然大悟的我快速思索：你今天让他得逞了，他明天还摔；明天让他得逞了，他后天还摔！他一次没摔伤，两次没摔伤，三次呢？四次呢？常在河边走，焉能不湿鞋？为了防止他有朝一日“湿鞋”，我必须断然采取措施！

我得让他起来，我说：“你躺在路上，影响别人走路。别人一不小心，就会被你绊倒。绊倒后，会一下子摔到你身上。快放学了，下楼的人很多，好多人都被你绊倒，都压在你身上，你可就惨了。赶紧起来吧！”

孩子冲我翻翻白眼，还是一动不动。

“如果你觉得躺在地上很好玩，那你就躺着吧，别忘了快放学了，大部队马上要下楼了。”

“你们俩忙你们的去，让他安静地躺着吧，咱都别打扰他。”孩子的老师可能猜到我会守在孩子身边，所以转身上楼，组织班里其他学生放学去了。

我也转身离开了。

根据我掌握的心理学知识，这孩子一旦发现他的这一招起不到招揽“观众”的目的后，自己感觉躺着没意思了，就会自动爬起来。

不知道我的这一心理战能否取胜，所以，远远地，我在那个孩子不知道的情况下，悄悄关注着他。

大概过了有三分钟左右，这孩子自己坐了起来。我知道，我赢了。

等我把我的学生送出学校再回来的时候，这个孩子早就爬起来，放学回家了。他也知道，一个人躺在地上很无聊。

也许，以后，他在学校里不会再摔了，他知道老师们已经识破了他的把戏。但是，在他妈妈那里，我估计他还会故伎重施——如果他妈妈还死心塌地地蹲在他身边守着躺在地上的他。

孩子的毛病，都是家长惯出来的。

当家长不易呀，不学点心理学，很有可能被孩子牵着鼻子走！

这样说，并不是说孩子令人讨厌，恰恰相反，孩子的家长并不清楚自己的孩子需要什么——这孩子其实很可怜。孩子以“摔”求关注，说明他内心很孤独。他渴望温暖，渴望友谊，渴望融入集体中，只是，他不知道怎么融进去。他是一个很需要帮助的孩子。

过了几天，我找孩子班主任了解情况，班主任说，孩子这几天表现很好，没有出任何状况。

这孩子很有智慧，知道伎俩被识破，马上“金盆洗手”了。我把孩子自摔的目的讲给孩子的班主任听，并告诉班主任必须针对孩子的个性特点，设计一套帮助孩子“入群”的具体方案。班主任如果不“主动出击”，孩子一定会再想出其他“求关注”的法子来，到时候班主任会更被动。

孩子的班主任很快拿出了好几个方案。事情过去一个多月了，这个孩子依然“风平浪静”，看来，班主任的积极介入起作用了。

冰心老人说：淘气的男孩是好的，淘气的女孩是巧的。对于淘气的孩子，老师既不能迁就，更不能控制。著名哲学家弗洛姆说，教育的对立面是控制。是的，教育孩子绝不是控制孩子！无论孩子多么淘气，多么令老师头疼，他的内心深处，依然是纯洁的，可爱的。老师要做的，就是用智慧去包装自己对孩子的爱和责任，在尊重孩子的前提下，不动声色地引导孩子，帮助孩子，让孩子在我们的教育下健康成长。

道歉风波

——教育孩子需要温和而坚定的态度

课间，阳阳冲着子月的数学小棒一拳砸下去，小棒立刻四散开来，撒得满桌子都是。

子月是个非常乖巧的女孩儿，个子矮点，坐在前面；阳阳是个经常惹是生非的男孩子，个子高，坐在教室的后面。两个孩子之间基本没有什么交集。由此可以断定，阳阳这一拳中没有怨，没有怒，完全是出于调皮。但这毕竟是我的推测。我还是要深入了解一下才稳妥。

问子月，子月说她不知道阳阳为什么砸她的小棒。

问阳阳为什么砸，阳阳更是一句话也不说——本来就没有原因，他说什么呀。

因调皮捣蛋而砸同学的东西，这种坏毛病必须治好！

子月已经自己把小棒收拾好了，我决定让阳阳认识到他的错，知道损坏别人的东西是不对的，并向子月道歉。

让他明白损坏别人的东西是不对的，这个任务完成得很顺利，但让他向子月认错却遇到了大麻烦——无论我怎么苦口婆心，无论我如何引导教育，面对子月，他嘴巴紧紧闭着，一声不吭。

这可怎么办哟。

他的妈妈说过，这孩子特别犟，教了他这么长时间了，我已经领教了他的犟，不换个方法，估计道歉这一环节就成了啃不动的硬骨头了。

如果这次我放弃了，那么，这一次的教育效果将复归于零，以后，他若再做了错事，估计他依然不会向别人道歉。

不会道歉，会影响他生活的幸福指数的。为长远计，我的教育工作必须要继续。

怎么继续呢？

我想，这个犟孩子可能是没有道歉的好习惯，虽然认识到自己错了，但让这个孩子道歉，他可能是话在心口难开，或者是不知道如何道歉。不知道是最容易对付的了，不懂就教呗。

我把孩子带离众目睽睽的教室，然后悄悄教他如何道歉：对不起，我不该砸你的小棒，我错了，请你原谅我。

我把这句话分成几个小分句，一句一句教。他竟然很听话地一句一句跟着学，这就是孩子的可爱之处！教了几遍之后，我让他把这句话连起来说。他连起来也会说了。

我让他反复巩固几遍之后，问他："记住了吗？"

答："记住了。"

"那咱现在去道歉，好吗？"他点点头。

于是我把他带回教室，面对子月站好。子月很有礼貌地站了起来，等着阳阳的道歉。然而，阳阳除了沉默，还是沉默。

我知道，此时的阳阳不是忘了如何道歉，而是忽然之间又来了犟劲儿。怎么办呢？无论如何，我绝对不能放弃。现在的我，是在和阳阳的坏毛病较劲儿，我一松劲儿，阳阳身上的坏毛病就"扬眉吐气"了，我要是再想扭转他，就更难了。

明知阳阳是来了犟劲儿，我只能装傻："哦，阳阳又忘了该怎么道歉了，对吗？没事，老师再教你。这几句话不难，相信阳阳能学会了。"

我再次把阳阳带离教室，把那几句道歉的话用拼音写在纸上，让阳阳一遍遍读。

我想，此时的阳阳虽然嘴里在读道歉的话，但心里肯定在想着别的事情：看来，如果不道歉，这个坎是过不去了——老师是不会跟我算完的。

当然，此时那句道歉的话阳阳也已经熟练到可以脱口而出的地步了。

熟练到一定程度，再张嘴就容易了，更重要的是，他的内心深处对道歉的抵触情绪已经土崩瓦解。

于是，我把阳阳领到子月面前，阳阳终于张开了嘴，说出了我教给他的道歉的话，虽然声音小得很，同学们都没听到，但子月听到了。子月非常大度地回了句："没关系。我原谅你。"

我让同学们把热烈的掌声送给了宽容大度的子月，也让大家把掌声送给了终于突破自己，向子月道歉的阳阳。

我想，阳阳以后应该不会再随便损坏别人的东西了，特别是，以后如果真的自己错了，阳阳向别人道歉时不会再那么难以开口了。

教育阳阳的过程，让我想到了"温和而坚定"这个词语。

教育孩子，确实需要温和而坚定——发现孩子身上的坏毛病，一定要及早帮孩子改掉，无论遇到怎么样的困难，老师的态度一定是坚定的，这份坚定最终一定会迫使孩子放弃抵抗，向着优秀迈进一步。当然，这个"迫使"是非暴力的，是温和的。

其实，无论老师还是家长，在教育孩子方面，都需要温和而坚定。这份温和而坚定也会潜移默化地影响着孩子，让我们的孩子最终也成长为一个温和而坚定的人。

成功的教育是一种影响

有人说：当别人知道你是在教育他的时候，你的教育已经失败一半了。看来成功的教育多半靠濡染，靠熏陶，靠影响。

那天下午最后一节是我们四·五班的美术课，学的是人体速写。美术老师让小珍到讲台上当一会儿模特。（小珍是我班上的一名学习很踏实的小女孩。）小珍摆好姿势后，同学们开始画了。因为是速写，所以同学们很快就画好了。模特小珍当然也就“收工”回位了。小珍刚回到座位上，小杉（我班上的一名挺聪明的男孩子）就把他画好的速写传到了小珍的手里。小珍一看，勃然大怒——画上的小珍挺着个大大的肚子。更气人的是画旁边的那句话——我怀孕了！盛怒之下的小珍抓起画本狠狠地砸向了小杉。可惜目标没有命中，却将小杉的同桌宇迪砸了个正着！宇迪不明就里，以为是小珍在无缘无故地冲她发火，于是抓起小珍发来的“炸弹”快速地发起了反攻。没想到“炸弹”偏离目标，硬生生砸在了阿哲的脸上——阿哲的脸被划出了一道红红的伤痕。由于阿哲的息事宁人，这场“错位”的战争才宣告结束。正是由于阿哲脸上的伤痕引起了我的注意，我才得以了解事件的整个过程——事件的罪魁祸首是小杉！

知道这件事以后，我很生气，小杉这个坏小子，怎么能这样胡说八道，伤害女生呢？如果小杉就在眼前，我肯定会狠狠地批评他一顿。遗憾的是等我知道这件事的时候，小杉已经放学回家了。怒气冲冲的我决定第二天一定要好好收拾收拾他！

第二天早晨，我来到办公室的第一件事就是将“小杉事件”通报了办公室的所有老师。老师们听后也都是义愤填膺，一致声讨小杉的“罪恶行径”，并强烈要求我一定要把这个坏小子好好训斥一番。这更增加了我惩罚小杉的决心。

第一节课后，我来到了教室门口，准备狠狠教训教训那个叫小杉的坏小子。可是我看到的情况让我忽然之间改变了决定，那事件的四个当事人——小杉、宇迪、小珍和阿哲在一起玩得正欢呢！此情此景，使我不仅取消了训斥小杉的计划，还为自己的小题大做深感不安——孩子在说一些不该说的话的时候，也许他们根本就不知道那所谓的坏话是什么意思，说过就忘了，连一点痕迹也不曾留，但是当成年人一旦兴师动众地去责罚他们时，他们会马上意识到那种坏话所蕴含的分量，于是这种坏话就会深深地留在他们的记忆里，而且以后还会有意识地去用这种话伤人——老师的教育起到了反教育的结果！

我真的有点后怕，如果今天的第一节课就是我的课，我肯定会首先处理这个“怀孕”引发的风波，于是，这一“怀孕”事件必将在班里闹得沸沸扬扬，那么，这一班还不谙世事的孩子们就会对所谓的“怀孕”一事津津乐道。一旦出现这样的局面，势必会给小珍造成一定的伤害，也会对小杉带来一定的心理压力，这样做的后果不仅会破坏了这两个孩子之间的友谊，更会给全班学生带来不良的影响，如果这样，我的罪过可就大了。

由此想来，以后再处理孩子所犯的错误时，一定不要在怒不可遏时做出决定。当自己内心大有“惊涛拍岸，卷起千堆雪”的波澜时，最好先把事情放一放，等到自己的心境恢复到“无风水面琉璃滑”时，再思考解决问题的最佳方案。毕竟教育不是一朝一夕的事情，世上哪有立竿见影的教育啊。(这并不是说对孩子的某些过失视若不见，听之任之。这样做只是在强调处理问题的时机与方法。）

以后的日子里，我格外关注着小杉的一言一行，但并没有发现他继续使坏。这让我想起了我的小时候，我们那时候姊妹好几个，父母整日里为一家人的温饱问题奔波，哪顾得上我们这些孩子之间的鸡毛蒜皮的小事啊，我们曾做过的好些错事大人们根本就不晓得，更别说得到家长和老师的及时教育了，可是随着年龄的渐长，我们一样在慢慢进步着。有时回忆起过去所犯的错误还会忍俊不禁呢，说不定还会调侃一句：“真没想到当年的小坏蛋竟然长成了一位大好人！”毋庸置疑，成长为好人的前提是因受了周围环境的有益影响——无声的教育。我们的成长，虽然少了长辈们的言传，但他们的身教对我们起着更为重要的熏陶作用。看来，教育有时也是“无声胜有声”啊！明白了这个道理，我在已有良好班风的氛围里组织了诸如“传递爱心、传递友谊”“良言一句三冬暖”“说给二十年后的自己”等活动，这些有益的活动占领着孩子的生活空间，那些乌七八糟的东西在孩子这里就没有了可立锥的地方，孩子的健康成长从而得到了保障，我的教育活动，成功达到了“用良币驱逐劣币”的目的。

抓住孩子的缺点使劲放大，放大到让孩子因犯了错误而感到无地自容的地步，也许能起到一定的教育作用，但那绝不是最好的教育方式。不到万不得已，当头棒喝式的教育是不宜随便使用的。教育，应该是一缕春风，吹掉落在孩子心头的灰尘；教育，应该是源头活水，缓缓净化孩子的心灵；教育，应该是润物无声的春雨，悄悄滋润孩子的心田；教育应该是一种有益的影响，于无痕中塑造着孩子们的性格，引领着孩子们健康成长！

育人工作中的“无为而无不为”

“无为而治”这句话出自老子的《道德经》，它本是老子的一种治国理念，但是，我的实践经验告诉我，用这个理念教育顽童，同样适用。把这句话与教育扯上关系，缘于我班的小衡同学。

小衡同学是三年级分到我班里的。

那是开学的第一天，按惯例学生要重新分班。各班班主任拿着分班后的名单到原班去领分到自己班上的学生。二· 三班分到我班的学生共十个，我是第一个到二· 三班去领学生的。当我点到小衡的名字时，班里响起了一阵欢呼声，中间还夹杂着掌声。我很纳闷，当时也不知道谁是小衡，就弯下身悄悄地问了一下坐在第一排的一个学生，没想到其他听到我问题的学生争先恐后地回答：“他天天跟别人打架，我们老师根本管不了他！”“他把我们老师气哭了两次呢！”“他终于离开我们班了，真好！”——这就是同学们眼中的小衡！我去找他原来的老师了解情况，得知孩子们说的都是真的。从那天起，这个“坏”孩子就成了我的学生。

排位时，我先把小衡叫了出来。（他可不能按高矮个儿坐位子！）小衡长得挺可爱的，胖乎乎的脸蛋儿白生生的（底子白，但没洗干净，有点脏），双眼皮，大眼睛，目光里透出了几分羞涩。他“站”在了我面前。之所以在“站”字上加引号，因为他那姿势真的不能叫“站”：右脚向外崴着，身子不停地晃来晃去，这么大的孩子了，还把手指头伸到嘴里吮吸着。让他把手放下去吧，他又开始不停地往下拽衣裳——确实是一个好动的孩子！

我把他安置在了第一排，我的眼皮子底下。上课时，他一乱动，我就轻轻敲一下他的桌子，他特别乖，马上就坐好了。他脑子也挺好使，绝大多数问题他都能很快想出答案，并高高举起小手。他只要举手我就请他来回答——这样的孩子，其积极性是不能打击的。

就这样一周下来，我没发现他哪里不好。最初听到的关于他的“负面新闻”好像都是别人对他的诬陷。

第二周周三下午，我刚走到楼梯口，就被一位女士拦住了。他说，他是小赫的妈妈。她已经忍了一个多星期了！每天一回到家，小赫就向她诉苦，说小衡上课怎么打扰他，下课怎么捣乱他。最后这位女士说："老师，把他俩调开吧！再这样下去，我儿子就被他给毁了！"她声音不大，但语气很重，每一个字几乎都落地砸坑！

我安慰并告诉她，我要了解一下情况，选择一个最佳的解决问题之道。

遇到家长的这种要求，我一般不会调位解决问题。因为这不是调位能解决了的——"坏"孩子的毛病没治好，调到哪里都不行！谁愿意跟这样一个"活宝"坐同位儿呀！要是总调这个"坏"孩子的位，从心理学的角度来讲，对他的成长是极不利的。他的环境不稳定，他的心就不稳定，心不定，人怎么能静呢？

位不能动，那怎么办呢？狠批小衡一顿吗？要是批评有用的话，他不早就成了大家眼中的乖孩子了？我决定不去批评他，而是把他放在一个合适的环境里慢慢"炖"他。

经过了解得知，小衡在我的课上表现还行，在其他老师的课上就极尽其捣蛋之能事了，所以他的同位小赫就首当其冲，成了被他影响最厉害的一个。小赫这个男孩儿很稳当，聪明又安静，从不多说话。这是一个可以信赖的孩子！

我找小赫了解情况，得知小衡课下是这样捣乱的：

小赫和其他两个同学做游戏，小衡总是在他们的游戏圈子里钻来钻去，一会儿碰这个一下，一会儿推那个一下，弄得人家的游戏进行不下去。

再问小衡为什么要这样，小衡的回答是："我想跟他们玩儿！"想玩儿是没错的，关键是怎么玩儿。我告诉小衡："玩游戏是有规则的，想跟他们玩儿就得遵从他们的游戏规则。你要是能遵守他们的游戏规则，我就让小赫带你玩。"小衡马上两眼放光："老师，我能！"他说这四个字时，站得可直了，像个军人一样！我笑了："老师还有一个要求，上课时如果小赫碰你一下，你就赶紧坐好！能做到吗？""能！"回答得可干脆了。

安抚好了小衡，我又请来了小赫："小赫，你们的游戏可不可以四个人玩？""可以啊！""老师知道，你是一个心地善良的男孩子，而且很有能力。"我得先给他戴顶高帽，"小衡之所以总是给你们捣乱，是因为他想跟你们玩，但不知道怎么玩。你把他收到你们的队伍里，带着他一起玩，这样，他肯定不再捣乱了，而你又多了一个'兵'，你看这样好不好？"

小赫没有马上回答，他眼珠来回转了两圈——到底是个沉稳的孩子，他肯定在考虑自己能否"收服"得了小衡。我怕他拒绝，赶紧接着说："放心，小衡一定听你的，他已经向我保证了。而且，课堂上他也不再打扰你了。他只要一有小动作，你马上碰一下他的胳膊，这样他就会坐好了。”

听我这样一说，小赫用力地点了两下头，领命而去。

后来，小赫的妈妈不再提调位的事了。小衡和小赫成了好朋友，周末还经常在一起玩呢！

当然，当小赫有事，课间不能带小衡做游戏时，我的耳边就会不时传来同学们的告状声。每当此时，我都会笑眯眯地看着前来告状的学生说：“他原来也跟小赫捣乱来着，后来小赫把他收服了，小衡还跟小赫成了朋友呢！你们自己想想办法，看能不能把他收服，让他成为你们中的一员！谁要是有这能力，谁就可能当《西游记》里的唐三藏了！”

告状的学生听了，咯咯笑着跑走了。

再后来，告小衡状的学生越来越少了，小衡的表现也越来越好了。

如果你问我怎么教育的小衡，我还真没什么经验告诉你。我既没有声色俱厉地批评过他，也没有和颜悦色地教育过他，我只是告诉前来告状的学生，让他们想办法接纳他。如此而已。

于是我想，小衡的转变应该得益于我对他错误的“置之不理”，应该得益于我班像小赫那样的孩子对他的“收服”与接纳。

也就是说，无论是对于孩子的行为进行规范，还是对于孩子的心理成长、学业成长进行促进，都应该像老子说的那样“无为而无不为”。

不该触动的神经，就别去触动，这叫“不为”，给他营造一个稳定的环境，设法让他融入这个环境，这叫“为”。“为”与“不为”，何时“为”，何时“不为”，需要智慧。

所以说，育顽童需要耐心、爱心和智慧，需要做到无为而无不为。

送孩子一轮明月

送孩子一轮明月，照亮孩子们夜行的路，这是每一个班主任最重要的使命。

记得八年前，我教四年级。开学之初，学校例行公事收书费。完成收费任务后，好些学生的手里都有了或多或少老师找还的零钱。

第二节课是我的课，我刚进教室，一名叫菲菲的女学生就高高地举了手。她说，老师找给她的十元钱不见了，她记得清清楚楚，同位也可以为她作证，她的钱确实放在了铅笔盒里。她的发言引起了班里不小的骚动。我听了，心里咯噔了一下：如果真像菲菲说的那样，这可就是一桩小小的盗窃案了。班里出窃贼了吗？“窃贼”一词把我吓了一大跳！一个刚刚四年级的学生，如果背上这么个坏名声，对他（她）来说实在是太可怕了。再说了，菲菲的钱真的放在铅笔盒里了吗？兴许她又放在其他地方了呢？我决定暂不处理，先安慰了一下菲菲，然后开始上课。

下课后，我把这件事跟我的搭档张老师介绍了一下，张老师很生气地说："菲菲的钱是我找给她的，我怕她丢了，亲手给她放在了铅笔盒的下层。现在钱没了，肯定是被谁偷了。谁的手这么快呢？"看来，菲菲说的是真的，她的钱确实是被偷走了，而且作案的应该是本班学生。

是谁偷了呢？我该怎么处理呢？

如果我兴师动众地去查，一旦查出来，那"小偷"的恶名他（她）可就抹不掉了。设身处地地为这孩子想一想，他（她）今后怎样在这个班级里自处啊。再说了，一个孩子，用法律术语说，一个不具有完全行为能力的人做这事，是叫偷呢，还是叫做了错事？是怨他（她）手长，还是怨监护人教育不当……

苦思冥想了一节课后，我心里有了主意。在第三节课即将下课的时候，我再次走进了教室。先给全班每个同学都戴了一顶高帽子，我说："我相信，我们班的每一个孩子都是心地善良的、拾金不昧、乐于助人的好孩子。"高帽子一戴，在学生们心里都很受用，接下来切入正题："现在，菲菲的十元钱不知丢到哪里去了。下课后，请大家帮她找一找，看谁的眼睛最亮，看谁最会找。”说完我就离开了教室。（其实当时我的心里真没底，但我希望我的这一招能够奏效。）

放学的时候，菲菲一脸兴奋地找到我，告诉我她的钱找到了，是阿凡（化名）在教室的墙角里帮她找到的。听到这个消息，我长长地舒了一口气。我首先对菲菲表示了祝贺，然后把阿凡叫来，以百分之百的真诚对他说：“阿凡，谢谢你帮菲菲找到了她丢的钱。你真是个乐于助人的好孩子！继续努力，老师相信，你以后会在各个方面很优秀的，你相信吗？”阿凡使劲点了点头。

后来，这个学生的变化真的挺大的，不仅各个方面的表现越来越好，而且成绩也逐渐提高了上来。我不知道阿凡现在是不是还记得这件事，但我这一辈子是不会忘了，对于我来说，它是我教学生涯中最得意的一笔，因为我在孩子的心灵最迷惘、最无助、最需要慰藉之时，没有让他难堪，没有把他推到坏孩子的阵营里去，而是不着痕迹地拉了他一把，在他摸黑前行的时候，及时送给了他一轮心中的明月。

这方法不仅适用于中低年级，高年级的学生同样适用，当然不是照搬，需要稍加变化。我教毕业班的时候，有段时间我们班老有人丢钢笔。根据反馈过来的信息分析，这事不是外班学生所为，因为没有看到过有外人进入过我们班。想到曾经处理过的阿凡事件，我决定还是让他自己拯救自己。在周一的班会上，我说：“我知道，这些钢笔都是我们班的学生拿的，我还知道，你拿这么多钢笔一定是有原因的，我敢肯定，你曾不止一次地想把钢笔还给同学们，只是害怕被同学们发现。这样吧，你找个合适的机会，比如放学后，把这些钢笔送到我的办公室里去，我帮你送还给同学们，我发誓，我绝对替你保密。”我记得大概就是这些话，只要切中肯綮，话越少越好。言多必有失嘛。说完这些话后，我的任务就一个字：等！

从周一等到周五，一点动静都没有。怎么办呢？人家不动静，我暂时也没想到其他招数，那就再等两天看看吧。

又一个周一来临了，一大早我打扫办公室卫生，看到窗户外的平台上有一个大信封，信封鼓鼓囊囊的，那几年也没听说过什么恐怖事件，所以我的第一反应是打开看看。打开一看我笑了：信封里除了一封信，一张五元的纸币，剩下的就是各种各样的钢笔了。钢笔是怎么回事大家都知道了，那五元钱也是这个学生拿的人家的，只是这个丢钱的学生自己并没有发现而已。我遵照约定替他把钢笔还有那半路杀出来的五元钱都还给了同学们，并且让同学们为他响起了热烈的掌声，因为他替大家保管了那么多天东西，最后完璧归赵了，是一名合格的保管员。但这个为大家保管钢笔的人是谁，我也遵照约定，替他保密。

处理孩子的事情多了，我总结出一条经验来：孩子就是孩子，他再调皮捣蛋，他的心灵也是纯洁的，美好的。正所谓：人之初，性本善。

后来我读到了这样一篇文章《送你一轮明月》，说的是一位老禅师在月夜回到寺院，发现有一盗贼来到了他的小屋。老禅师看到山高风凉，盗贼又穿得太过单薄，于是脱下自己的外衣送给了惊魂未定的盗贼。盗贼接过衣服，仓皇离去。老禅师望望天上的明月，看看盗贼远去的背影，沉吟道：但愿我能送他一轮明月。

第二天，老禅师打开寺院的门，发现门前的台阶上，放着被盗贼叠得整整齐齐的那件外衣。老禅师用自己的慈悲与宽容，真的送给了那位盗贼一轮明月，一轮心中的明月。

亲爱的老师们，我们做班主任的，最重要的就是要拥有像老禅师那样能容纳百川的胸怀，能容得下孩子所犯的任何错误。苏霍姆林斯基说：有时宽容引起的道德震撼比惩罚更强烈。那么，就让我们用自己的宽容和智慧温暖孩子，为孩子打造一轮心中的明月，照亮孩子前行的路吧。

永远的怕

“啊！”一声凄厉的尖叫声把我和周围的几个孩子的目光给拽了过去。一个惊慌失措的小女孩沿着我们的目光快速奔了过来。我赶紧站起来，把一脸恐惧的她紧紧地搂在了怀里。她指指身后，语无伦次地向我哭诉：“老师，毛……毛毛虫！他故意用毛毛虫吓唬我。”一听毛毛虫这几个字，我打了一个激灵，感到浑身都起鸡皮疙瘩了。我打小就害怕这一类的动物，一直到现在，依然怕它如故。所以，听到有人拿毛毛虫来吓唬女生，我当时的愤怒就可想而知了。我回过头，看着随后跟过来的这个低眉垂手的小男孩，眼睛里几乎要喷出火来。我的手紧紧地抓着自己的衣襟，生怕怒火会像炸弹一样飞出去，轰然落在眼前这个男孩子的身上。我使劲咽了一口唾沫，但语调依然严厉：“真是岂有此理！竟然把毛毛虫拿到了教室里！而且还用它来吓唬女生！是何居心啊，你！……”我觉得我的每一句话落到地上都会砸出个坑来的。小男孩手里攥着一包用报纸包着的东西，我知道那是什么。但我没有让他打开，我不想制造第二次恐惧。这个男孩打断了我的训斥，显然想为自己申辩：“老师，不是……是……”男孩太紧张了，可能是被我的盛怒给吓着了，结巴了半天既没有说出不是什么，也没有说出是什么。我本来就怒发冲冠了，岂容他再为自己的过错狡辩？于是喝令他马上把手里的毛毛虫消灭掉，并保证以后再也不做这种事情，否则决不轻饶。男孩没再说什么，低着头出去处理他手里的毛毛虫去了，但我分明听到了他一声轻轻的叹息。他在叹息什么呢？一丝疑惑闪过了我的脑际。

走出教室，在回办公室的路上，我耳边一直萦绕着那声叹息，于是，又一个疑问飘然而至：“他的毛毛虫是哪儿来的呢？”唉，算了，管他哪儿来的，反正拿到教室里来就是不对，就该挨训。我摇摇头，甩掉了这个疑问，还有刚才的不快，然后回到了办公室。

放学了，别人都急急忙忙往家赶，我的儿子却不见了踪影。时间对于我来说可是寸秒寸金呐。像个无头苍蝇似的瞎找肯定不行，太浪费时间。于是我快速思忖着他最可能去的地方，以便能在最短的时间内找到他。对，小花园，肯定在小花园。那可是我们学校最具魅力的地方。

我风风火火地跑到了小花园。这个时候，同学们都应该随着放学的路队走出学校的大门了。但是这里却有几个逃避站队的男孩子，他们围在一簇冬青旁边，睁大眼睛在仔细地搜寻着什么。他们太专心了，丝毫没有发现忽然间闯入这里的我。他们在干什么呢？出于老师的责任，同时也出于几分好奇，我冲他们喊道："都放学了，你们怎么还不回家啊？在找什么呢？"他们可能谁都没想到，这个时候还会有老师来干涉他们的事情。所以，都受到惊吓似的快速把头转向了我。看到我没有训斥他们的意思，这才放下心来。其中一个小男孩赶紧回话："噢，我们在捉虫呢，老师。"

"捉虫？"我心里一动，快步走了过去。孩子们见我过来了，七嘴八舌地说了起来："老师，我们的花园都快被虫子给吃光了，您看，"说着，他们张开了紧攥着的小手，每个人的手里都有一大把不停地在蠕动的毛毛虫。我有点目眩。怕虫子逃跑，孩子们又赶忙攥紧了手。"就在这一小片地方，我们就捉到了这么多虫子。""虫子可太猖獗了，老师……"我知道，看着被虫子糟蹋得奄奄一息的植物，孩子们实在是心疼啊。但是他们现在必须回家，要不他们的家长会着急的。"孩子们，你们先回家吃饭吧，下午还要上学呢。"我把孩子们都劝走了。这时，儿子打电话来，告诉我他现在已经回到姥姥家了。我不必担心儿子了。

现在那蠕动的毛毛虫成了我心中最大的一个结。上午，那个男孩子的毛毛虫肯定是在这儿捉的。他肯定是因为爱这些绿色生命，怕这些绿色生命因被虫叮咬而疼痛，所以才去捉这些虫子的。他为什么叹息，他因紧张或者是着急没有说完的是什么话，现在都已明了了。

如果我不是因找儿子而来到花园，如果不是恰巧碰到了这几个捉虫的孩子，如果不是我多问了一句，那么那个孩子就会被我、被那些害怕毛毛虫的女生一直误会下去。如果当时我能耐心地听那个男孩子解释几句，如果我能给他一个为自己辩解的机会，那么，他现在就应该是班里的爱心大使了，孩子们就会在他的爱心鼓舞下去爱更多的生命。可这一切，都因为我没能听他把话说完而失去了。最重要的是：我伤害了孩子的爱心！

毛毛虫，可能是我这一辈子永远的怕了，这个怕会时时提醒我：孩子所做的每一件事情，都有他的理由，在孩子想要陈述理由的时候，我应该而且必须听孩子把话说完。因为，孩子的话里往往有闪光的东西存在。

藏在厨房里的教育感悟

妈妈炸丸子，我打下手。

妈妈把面糊用小勺子舀起丢进沸腾的油锅里，一个又一个。油锅里的丸子渐渐多了起来。我准备用筷子把已经漂起来的丸子往一边挪挪，让妈妈有充足的空间丢新的丸子。妈妈看我的手有动作，马上制止我："别动！丸子刚丢下锅，皮还很软，不能动，一动丸子就烂锅里了。""那啥时候帮它们翻一下身？""它们漂起来之后还要等一小会儿，颜色稍微变深一点的时候再动。这时候，丸子的皮就硬实了，能禁得住筷子的搅拌了。"

我心里一动，忽然想到了我的学生！我是小学教师，小学低年级的学生多像"皮还不硬实"的丸子啊。刚入锅的丸子很柔弱，需要格外照顾。这里的照顾指的是不去动它们。刚入学的娃娃呢？活泼机灵的孩子们哪一个不是怀揣着对学校生活的无限往向来到学校的？

他们那一双双水汪汪的大眼睛，清纯得没有一点杂质，谁看了都会情不自禁地心生怜爱。

这些让人怜爱的孩子在老师的教育下，每天都会有点进步。知识会有进步，道德会有进步，当然身体也会有进步，就像丢进锅里的丸子，自会慢慢硬气起来一样。只是，孩子的进步速度肯定是不一样的，有快有慢。毋庸置疑，进步慢的也没有停止成长，他们只是慢一点而已。

如果没有一次一次的测试，这些慢的孩子和其他孩子基本是没什么差别的，他们和其他孩子一起上课，一起玩耍，一起进步。就像很多老师感慨的那样：如果没有考试，哪一个孩子都非常可爱！

但是，测试来了！这测试，像极了我在油锅里搅拌丸子的那双筷子！

成绩面前，进步慢的学生和其他孩子不一样了。虽然孩子们是不知成绩为何物的，在他们眼里，二十分跟一百分都是成绩。仅仅是成绩而已，有什么区别他们不知道。记得我的小侄子因为没上学前班，一年级的他属于零起点。所以，一年级的第一次单元测试，我小侄子考了二十一分！放了学，他兴高采烈地跑到我办公室里，宣布着他的成绩！我听后，第一时间告诉他："回家不要告诉爷爷你的成绩，爷爷会伤心的。"小侄子听话地点点头。但是，一回到家，他便兴奋地冲着爷爷大喊："爷爷，爷爷，我考了二十一分！"

其实静下心来想一想，小侄子的兴奋是有道理的：这二十一分也是他辛辛苦苦做了很长时间换来的呀，没偷没抢，人家完全靠自己的劳动换来的，为什么不该自豪一下呢！如果这二十一不是成绩，而是孩子靠自己的劳动赚的他人生的第一桶金，他该不该自豪一下呢？

可惜成绩毕竟不是工资，所以，这个成绩，是令成年人难以接受的！好在，侄子后来的进步速度提高了，慢慢跟上了班，又慢慢走在了大家的前面。但并不是每个孩子都是这样的，很多孩子的速度很稳，一直处在后进的位置上。

于是，一次一次的测试，一次一次的打击，如一盆一盆的冷水，慢慢扑灭了孩子求知的热情。就像那油锅里的筷子，一次一次的搅拌，终于把一锅丸子，搅拌成了一锅糊涂。丸子炸不成了——孩子彻底没信心了！

所以我想说：小学低年级，能不能取消考试，让孩子慢慢进步，信心十足的进步！

我们总是说古代的教育理念有问题。但是，从教育效果上来说，古代的教育效果并不差呀。你看那一位位青史留名的文学家，哪一个不是上知天文下知地理，学识渊博，能力超群？苏轼，是一位伟大的文学家，还是一位了不起的地方长官，西湖不就是经他的手才治理得“淡妆浓抹总相宜”的吗？曾国藩，一个标准的文官，带兵打仗一样运筹帷幄之中，决胜千之外——军事知识与地理知识融会贯通，活学活用，水平不是一般的高！曹雪芹，一个没落的贵族，不仅写得一手好文章，而且在他的文章里，还涉及了方方面面的知识：建筑学（或者叫园林艺术）——大观园；医学——一个个药方可不都是他开的？服装设计——那么多人的服装，竟然没有重样的，这得是多么有创意的服装设计师啊！当然，里面涉及的学问绝不只是这些，欲知他的学问有多渊博，敬请自己细读《红楼梦》。

青史留名的复合型人才真的是不胜枚举：只身闯敌营的豪放派词人辛弃疾；建安文学的代表人物之一曹操；中国的智慧男神诸葛亮……

倒是咱现在的教育，文科的不懂得理科的知识，理科的不了解文科的学问，不同专业之间仿佛都隔着一堵厚厚的墙。

不是说咱现在的教育理念不对，只是感觉理念落后的古代，教育出来的人才不比现在差。

我想，也许古代私塾教育也有其可取之处。那个时候，私塾先生估计不会给孩子印很多卷子去测试他们，学生大了自然要测试，据考证，一个人从上私塾到高中状元大约要经历九场考试。这样算下来，状元的小学阶段估计只需经历一场考试。也就是说，那个时候的小学生是没有被那双“油锅里的筷子”所折磨的。孩子的成长没有受到不适合的“搅拌”，等到孩子身心都“硬实”了，再有任何“筷子”来搅拌都不怕了！

低年级的孩子对知识真的充满渴望，这可以从那一双双明亮的充满期待的眼睛中看出来。但孩子真的不喜欢频繁考试，孩子害怕那双不停搅拌的“筷子”，有事实为证：

还有两个星期就期末考试了，各个年级的老师都在一遍一遍地进行模考，以期孩子们在期末测试中取得优异成绩。

那天，我们班上数学课，我站在窗外停留了片刻。数学老师说：“请同学们拿出练习本。”学生小声问：“难道不考试了吗？”教室里很静，老师听到了这句话，开玩笑地说了句：“卷子让你们考完了，不考啦！”听了这句话，学生们兴奋不已：有的握紧拳头，使劲一挥；有的直接高呼：耶！有的同位两个或是前后位两个不约而同地击了一下掌……听到这节课不考试的消息，孩子们像过节一样开心！由此可知，孩子们对频繁的考试是多么的排斥！

我们再来看看孩子学到新知后的那份抑制不住的

开心。那节课学习新字，当学会了一个字的笔顺之后，我指名让学生单独来说（怕有浑水摸鱼、滥充数的），小宇同学激动地举起了手。小宇同学是班里接受最慢的一个，我让他站起来回答，他答得正确又流利。我给了他一个大大的赞。小宇同学笑得眼睛都眯成一条缝了，心里那个美呀，不言而喻。每次他回答正确问题之后，他脸上都会笑成一朵花儿。然而，一考试他就蔫了，一考试他就是最后一名——他的动作特别慢！看着他慢吞吞拿笔，慢吞吞展开试卷，慢吞吞写下一笔又一笔时，作为老师，我那个急呀，心里直冒火！

但我深深吸了口气，压下了心中的火。我想起了《龟兔赛跑》的故事，无论速度多慢，只要这孩子一直不停地学，不停地跑，他很有可能是最终赢得人生的那一个。

但是，他现在的成绩确实很不好。不看成绩，他是一个认真学习的孩子，一看成绩，他是一个让人失望的差生！我已经年近半百，虽然他的成绩直接影响我的班级平均分，但我不计较，我懂得从长计议。我懂得，考试本来是查缺补漏的。但查缺补漏的方式绝不仅仅考试一种，比如作业，练习、对话等手段都是。

那么，我们现在的教育，小学阶段的前三年，最少是前两年，测试能不能少点，再少点，少用“筷子”搅拌“刚入油锅的丸子”？

夏虫不可以语冰

这句话出自《庄子·秋水》。字面意思是不能和生长在夏天的虫谈论冰。比喻时间局限人的见识。

这句话是从台湾师范大学教授曾仕强老先生那里听到的。听到这句话，我神使鬼差地想到了学生，想到了我那刚刚入一年级的学生们，想到了小旭。

依据传统标准，小旭不能算是一个好学生。他上课从来坐不端正，小手总是不停地摆弄着他的东西。对于这样的男孩子，我尽量将我的耐心发扬光大，以不同的方式时时提醒着他要好好听讲。然而他好像对于我的提醒无动于衷，随我怎么样去提醒，人家照样该干吗干吗，根本不理我的茬儿。没办法，我只得走下讲台，来到他面前，将他正在作为玩具的铅笔盒拿了过来。忽然遭遇“抢劫”，小旭吃了一惊，猛一抬头，看到了阴沉着脸的我。小家伙赶紧坐端正了。接下来的时间里，他老实了许多。

下了课，我将讲桌上的东西收拾了一下，离开了教室。被我收拾走的东西里包括小旭的铅笔盒。为了达到治病救人的目的，我想让小旭到办公室去要他的铅笔盒。以此来对他进行批评教育。

我把小旭请到办公室，问他：“知道老师为什么收你的铅笔盒吗？”根据我的经验推断，孟旭的回答应该是：“知道。”然而小旭的回答却大大出乎我的意料，人家摇了摇头说：“不知道。”我的天啊，他竟然不知道我为什么收他的铅笔盒！那我的“收”还有什么意义？我不甘心，又问：“你认为你上课时认真听讲了吗？”小旭很认真地回答：“认真了。”我晕！但还是耐着性子又问了一句：“你上课玩铅笔盒了吗？”我想他回答“没有”的可能性也不小。没想到这次他倒是实事求是地回答：“玩了。”

我明白了，他根本不知道什么叫认真，什么叫不认真——尽管开学之初老师就针对上课的纪律一再向他们讲解。没办法，不知者不为过，我再讲一遍吧：“老师讲课时你玩东西，这叫不认真。以后不能在课堂上玩东西了，知道吗？”小旭点点头。看到他点头，我把铅笔盒还给了他。小家伙拿着铅笔盒，一蹦一跳地走了，丝毫看不出有什么难为情。

一年级的小孩子啊，竟然如此可气又可爱！因其可爱，故可气的事情也让人气不起来。要是面对这样的一群孩子发脾气，估计效果跟对牛弹琴差不多。

夏虫不可以语冰。小孩子年龄小，阅历少，懵懂幼稚的孩童天真地不知规矩为何物，不知批评为何物。对于出现了状况的小孩子，我们唯一能做的就是告诉他们该怎么样做，不该怎么样做，怒气冲冲的批评对于他们来说，无异于对夏虫语冰，只会令他们双眸里写满疑惑。

其实，不仅仅是低年级的小孩子，就是高年级的学生，甚至是中学生，抑或是成人年，他们的人生经历不同，阅读积淀不同，思考与理解能力也不会相同。因此，要想使我们的谈话能达到预期目的，一定要了解我们的谈话对象，尽可能地选择他们能够接受并认可的方式方法与之交谈。否则，我们只会空费口舌，劳而无功。谨记：夏虫不可语冰！

暴力永远也解决不了问题

那天下午放学，我送孩子们出校门。快走到校门口时，我忽然发现阿健的脸有点问题。凑近了一看，我的天，右眼被打得青紫，而且肿了起来！我问了一下情况，阿健特别无所谓地说："没事没事，我们已经和解了。"跟谁和解了？打这么狠，怎么可能在没有老师参与的情况下就和解了呢？"在我的一再追问下，阿健道出了打他的那个人的姓名：阿勋！

"怎么打的？"

"用拳头砸的。"

"为什么砸那么狠？"

"闹着玩呢，闹着闹着就恼了，然后出手就是一拳。然后，我就悲催了。"

被打的阿健很平淡地叙述了整个事情的经过，我听了，不淡定了。这个阿勋怎么这么心狠手辣！不就是闹着玩嘛，至于出手那么重吗！

我把两个孩子的家长都请到了学校里，第一时间处理了问题。

处理完这两个孩子以及两个孩子背后的家庭之间的问题之后，我陷入了沉思……

接手一个新的班级还不到两周，就接到了数次有关阿勋打人的“报案”。找阿勋原来的班主任了解情况，得到的信息跟孩子的报告一样：这个阿勋，是个暴力男。

打架频率这么高，且每次出手都不轻，这才三年级，照这样下去，后果会很严重的。怎么才能让他不打架呢？继续调解吗？调解是必须的，但效果应该不是最好的。甚至会让事情陷入“打架，调解，再打架，再调解”的恶性循环之中，怎样做才是最好的呢？

大家都知道，孩子都是学着长的，他们的模仿能力特别强。这孩子那么容易冲动，那么习惯于动手，一定有模仿的对象。

父母是孩子的第一任老师。孩子的暴力倾向最有可能来源于他的父母。想到这里，我决定跟孩子好好谈谈。我问了孩子几个问题：你父母打你吗？你爸爸打妈妈吗？妈妈打爸爸吗？对于我的问题，孩子除了摇头，还是摇头。我纳闷了，他的暴力倾向难不成是天生的？我不甘心，又问了一句：“你们家有人打过架吗？”

听了我的这个问题，孩子看了我一眼，没有摇头，只是把头深深低了下去。看来，这把钥匙好使！

我耐心等待，等待孩子开口说话。我知道，只要孩子一开口，问题的症结就找到了。

过了一会儿，孩子仿佛是下了很大决心似的，很艰难地张开了口，这一开口，就道出孩子暴力的源头。原来，孩子的爷爷前几年因为跟别人打架致人重伤，到现在还在监狱里住着呢；孩子的爸爸也跟人打架，虽然没达到刑事案件的程度，但把人打伤了，人家住进了医院，孩子的爸妈隔三岔五就得去医院看人家。

听了孩子的诉说，我恍然大悟：打架是这家男人的“家族遗传病”呀！是病就得治，这孩子有缘做了我的学生，给孩子治“病”，我就责无旁贷！

略微沉思了一下，我问：“你爷爷跟别人发生了矛盾，他采用暴力手段解决问题，结果自己进了监狱。请问：用打架的方式把问题解决了吗？”

“没有。”

“不仅没解决，反而把自己送进了监狱！你爷爷愿意进监狱吗？你们愿意让爷爷进监狱吗？”

“不愿意。”

“设身处地为人家想想：人家愿意被打成重伤吗？”

“不愿意。”

“是的，打架造成的严重后果是双方都不愿意看到的。”

“你爸爸采用暴力手段解决问题，结果怎么样呢？”

“人家住院了，爸爸得给人家看病。”

“如果你爸爸不打架，他就不用掏自己的腰包给别人看病，省下来的钱给你买书看，带你去旅游，多好！话说回来，人家也不想被打得住进医院，躺在床上不能动弹。也就是说打架造成的后果是打架双方都不愿意看到的，对吧？”

孩子没说话，只是使劲点了点头。

“现在再看看你，你把阿健打成那样，眼角青黑，肿起老高，这事儿能就这样算完了吗？”

阿勋低着头，轻轻摇了摇。

“首先你家长得带你去他家探望、慰问，然后还得给他买药、消肿，以免发炎。当然，别人都在自由阅读的时候，你却因此而被老师请到办公室来‘喝茶’。这些，都是暴力事件给你带来的损失。这都是小事儿，如果你一拳砸中他的眼睛呢？伤了他的一只眼，他这一辈子就成独眼龙了，你呢？你可就一辈子吃不了兜着走了。”

说到这里，我停了一下，看了一下孩子的反应：他依然低着头，一声没吭。但我知道，此时孩子的内心深处一定不平静。要的就是他内心的波澜。我顿了一下，给他一定的思考消化时间，然后接着说：“咱打伤了人家，人家承受疼痛咱出钱；人家打伤了咱，咱承受痛苦人家出钱。总之，采用暴力手段，不仅解决不了问题，反而会使矛盾激化，致使双方都遭到身体或财产的损失。伤能好，钱可再赚；关键是，你这一拳可就把你和同学之间的友情打飞了！大家都知道你是一位暴力男，人家惹不起你总可以躲着你吧。大家都躲着你，你还会有朋友吗？连个朋友都没有，多孤独呀。”

听到这里，孩子微微抬起了头，无助的眼神看向我。我知道，他真的怯了。胆怯是一个人最重要的软肋。找到了软肋，问题一定会迎刃而解。

“别怕，有黄老师在，你不会孤独！现在，你知道暴力是解决不了问题了，那么，有了矛盾怎么处理呢？”

我轻轻抚了抚孩子的小脑袋：“靠它，靠智慧！你在班内跟阿健道个歉，让同学们知道你真心悔过了，以后再也不那么冲动了，消除你在同学们心目中的负面影响。当然，以后再遇到问题，绝对不能靠暴力去解决了，一定要记住，自己脖子上面有颗智慧的头颅！办法总比困难多！动脑筋，别动手！记住吗？”阿勋使劲点了点头。

孺子可教！这孩子从此之后，再没跟班里任何同学发生过肢体冲突。如今，这个孩子已经阳光灿烂地步入到他的少年时代，成为一名自信的初中生了。由此看来，找到问题的根源，便可斩草除根。

无独有偶。那天，四年级的一个男孩子向老师挥起了拳头，起因是老师问了他一句："试卷上的错改了吗？"就这一句稀松平常的话，竟然一下子"引爆"了这个孩子！

从孩子老师的口中得知，这孩子不止一次动手打人了，而且出手都挺狠，关键是他每次打人几乎都是事出无因。

老师请来了孩子的妈妈，就如何教育孩子的问题与家长沟通。

正好我碰上了，于是我把孩子请到了办公室，孩子的妈妈没有进来。我说："让孩子妈妈也进来吧。"孩子老师说："孩子怕她妈妈。"小孩很快做出答复："我不怕妈妈，我怕爸爸，爸爸打我打得可狠了。"

向孩子妈妈了解情况，得知孩子说的是实情：孩子的爸爸经常用拳头说话。看来，孩子爸爸的这种暴力沟通方式极大地影响了孩子，孩子如今的暴力倾向全是耳濡目染于他的爸爸。

通过跟孩子的交流，我发现，这个孩子其实挺懂事的，孩子认识到自己冲老师挥起拳头是不对的，很诚恳地向老师认了错，道了歉。看到老师与孩子在极融洽的氛围中沟通、交流，我避开孩子，与孩子妈妈进行了单独沟通，就他们的家庭教育方式给她提了几点建议。孩子妈妈是个通情达理之人，她表示，以后一定提醒孩子爸爸，学会控制自己的情绪。

如今这件事已经过去一个多月了，这一个多月里，在老师、家长的共同努力下，这个孩子一直表现很好，这是一个积极的信号。

孩子都是学着长的。每一个暴力孩子背后，都有一个关于暴力的故事。

可以肯定，张飞的父母一定不是才子佳人，大观园里不会培养出李逵这样的人物。老百姓说：啥坑里啥 wai 子（青蛙），啥大人啥孩子。这句话深入浅出地解释了家庭环境对孩子成长所产生巨大影响。

好的教育，一定是学校、家庭、社会三方面共同努力的结果。对于小学生来说，学校、家庭是最主要的影响方面。我们常说：有的人一生被童年治愈，有的人一生在治愈童年。这句话没有任何异议地告诉大家：儿童时期，家庭教育占据着多么重要的地位！

所以，亲爱的老师们，特别是小学老师们，如果我们的学生身上有什么诸如骂人打人之类的屡教不改的坏毛病，那么，不要声色俱厉地批评，不要一脸嫌恶地指责，不要絮絮叨叨地抱怨，更不要把家长请来，数落孩子的种种不是；而是要耐心地跟孩子交流，要耐心地听孩子诉说，从孩子天真无邪的谈话中，抽丝剥茧，找到病的根源，然后理智地梳理出适合“这一个”孩子的教育方法，开出能治疗这个孩子“疾病”的药方，因材施教。

当然，通过跟孩子父母沟通的方式，肯定解决不了所有暴力学生的问题。但是，办法总比困难多，如果这个孩子不幸生活在一个有问题的家庭里面，那么，请老师多多给予这个孩子特殊的关照。孩子没有投生在一个幸福的家庭里，那就让他（她）遇到一个好老师吧！

一份不盖公章的合同

现今社会，做什么事之前，都要签订合同并郑重其事地盖上鲜红的公章，使之具有庄严的法律效力，从而约束当事人的行为。如果不盖公章，这合同是不受法律保护的，与一纸空文无异。但是，我的手头却珍藏着一份没盖公章的合同，它的“法律效力”却一点都不含糊。此事说来话长：

开学之初，我们这个级部又一次分班了，于是，小博便成了我的“徒弟”。他在我们这个级部可以说是早就“臭名昭著”了——作业从来不写，经常光顾游戏厅，请他家长也请不来，成绩更是一塌糊涂。如今的他已是五年级的学生了，经历了这五年的小学生涯，他对老师的种种育人之道早就了如指掌了，当然也就练就了一身应对老师的“硬功夫”——以不变应万变。你有千条妙计，我有一定之规，作业就是不写，你能奈之我何？对于这样一个“刀枪不入”的学生，教过他的老师都是愁得脑浆子疼。现如今，这脑浆子疼的滋味轮到我品尝了，唉！

也许是刚到一个新的班级，他有一种新鲜感；也许是“疯”了一个暑假了，他对于玩也厌倦了，也许是想给新老师一个好的印象，不管怎么样吧，入新班后的第一份作业他竟然老老实实完成了！虽然与其他同学的作业相比，他的作业实在是让人“不敢恭维”，但对他来说，这毕竟是一个良好的开端。于是，我在他的作业本上写了一个大大的“优”字。我想，这或许能激励他再接再厉吧。真不错，他第二天的作业也完成了！我简直太兴奋了，竟然幻想着他会一直这样做下去！可是懒散惯了的一个人，哪能如此轻易地就改弦更张，立地成佛呢？

开学后的第三次作业，也许是他的新鲜感过去了，也许是他对老师的表扬不感兴趣了，也许是某种游戏的吸引力太大了，总之，他没有完成。我立即责成他补上，并义正词严地告诉他，作业是不能不做的！第四天，他又没写作业，我再次看着他补上了。第五天，他还是不写！我不能再看着他补作业了——这样下去，他不累，我还累呢！怎么办呢？苦口婆心地讲道理？此法显然不行，他早已有了“破阵之法”了；声色俱厉地批评他？也行不通，对于这种方法，他早就“处乱不惊”了；让他写检讨，进行深刻反省？更不行，他能反省的话，就不会成为级部“名人”了。

写检讨的方法虽不可行，但这三个字却具有了“投石冲开水底天”的功效，我的眼前豁然开朗了起来。写检讨的方式对他来说早已不新鲜了，那么立合同呢？这法肯定没有人用过，对他来说应该具有一定的陌生感与神秘感，这恰恰是让人心生敬畏的前提！对，就用这法！

下午放学后，我把他单独留了下来。我说：“小博，前两天，你的作业都能按时完成，可是这两天就不太好了，都是在学校补完的。无论是在哪里写完的，反正是写完了。这说明，你还是愿意写作业的，之所以不能按时完成，是自己自制力太差，玩心太重的原因造成的，对不对？”小家伙点了点头。点头就比摇头好！我接着说：“其实，玩是小孩子的天性。爱玩并没有错，老师小时候也爱玩，爬墙头，抟泥巴、做游戏等等，玩得花样可多了。”（这叫作攻心为上，欲擒故纵）小家伙听我这么一说，脸上的表情很明显放松了许多，先前那种“全副武装”的警戒状态不复存在了。这就好办了！“老师有办法让你既能完成作业，又能轻松做游戏，你信不？”小家伙这下子不知道老师的水深水浅了，一脸茫然地看着我。“咱俩之间立下一份合同，这合同我就跟你一个人立，别人谁也别想享受这个待遇。这是咱俩之间的小秘密，可不能让别人知道了。（这叫故作神秘）你把你今后的打算写下来，并保证做到，我呢，保证做到保守秘密，你看行不？”这其实是变相地写保证书，但这样一“换汤”，就把小家伙给唬住了——这可是他有生以来立的第一份合同啊！小家伙郑重其事地写好合同，拿来让我过目，我一看，嘿，写得不错！我在合同的下方写上甲方、乙方四个字，然后问他：“合同不都有甲方乙方吗？你看咱俩谁当甲方谁当乙方呢？”小家伙想了想说：“老师，你当甲方吧。”于是我大笔一挥，在甲方的后面签上了我的名字。小家伙接过笔，在乙方的后面签上了他的名字。“合同都是两份的，一人拿一份。这样吧，你把合同的内容再写一遍，然后我们再各自签上自己的名字，好吧？”虽然是商量的语气，但他必须完成。小家伙很高兴地完成了任务，我们在他写好的第二份合同上各自签上名字后，我很郑重地把我的那一份合同装进了我的档案袋里，然后对他说：“你回去，把你的这份合同贴在你的床头上，每天看一遍，让它督促你按合同内容做事情，行不行？”小家伙使劲点了点头。“好，我宣布我们的合同从现在起就生效了！”

“合同”生效后的第一周，小博每天的作业都能很认真地完成。在周一的班会上，我在大家面前表扬了他。我说：“小博同学是个说话算数的小小男子汉！是同学们学习的榜样！”这样的表扬让他很是受用，比表扬作业写得好还让他自豪。

然而，孩子毕竟是孩子。

后来，小组长又发现了他几次没有作业的情况，请注意，我用的是“没有”而不是“没写”。用他的话说，他是把作业忘在家里了。但我心里很清楚，他没写的可能性是很大的。可是我不点破，我不能让那份“合同”变成一张废纸。每次小组长告他的状，说他没完成作业时，我都会把他叫到教室外面，先问他：“你的合同还贴在你的床头吗？”他每次都很肯定地点点头。于是我再接着说：“我知道你是一个说话算数的男子汉，你一定会按我们的合同去做的。今天的家庭作业你肯定写了，只是忘记带了。你下午一定能带来的，对不？”他再次肯定地点点头。下午，他会把他写得很工整的作业交到我的手上。我们立下合同的这一个学期里，这样的情况零零星星地出现了四次，还是在前半学期里，在后半学期里，他不仅“不带作业”的情况再也没有出现过。而且课堂上的表现也越来越好了。

孩子的智力水平都是差不多的，谁的汗水也不会白流，期末考试后，小家伙领到了他上学以来的第一张奖状。看着他因激动而涨得微红的脸，我笑了，是一种从未有过的舒心的笑。

齐步走

齐步走难吗？看对谁说。一年级的孩子，很有可能在齐步走上出状况。

一年级的小娃娃不知纪律为何物，管理起来很不容易。但一年级小娃娃的可爱之处远远胜过他们的难管之处。

因为，所谓的难管，就是他们太小、不懂造成的。不懂可以教，懂了他们就知道遵守纪律了。怕就怕明知故犯。小娃娃不存在这种行为。他们或者是不懂、不会，或者是管不住自己，如此而已。

我们学校放学要站路队，放学铃响过之后，同学们一个个排着整齐的队伍，精神饱满地走出学校，那真的是一道非常养眼的风景线！当然，养眼的前提是整齐。为了让孩子走得整整齐齐，我们需要训练。走整齐必须有统一的号令，我们是让孩子在“一二一”的号子指挥下前进的。

在训练的过程中，发生了一件非常有意思的事情。

有一个孩子长得白白胖胖，银盘似的脸蛋儿胖嘟嘟的。当别人都“一二一、一二一”走得很整齐时，我发现他的步子很别扭——每完成一个“一二一”，他总得停一下，然后再赶紧调整一下双脚的节奏。由于他每完成一个“一二一”都得停一下，别人则正常健步如飞，他就显得特别手忙脚乱。这是什么原因呢？

我很纳纳闷，把他单独叫出来，让他自己为自己喊“一二一”，然后我又带着他齐步走，最后终于发现了问题的根源：我们在喊号子时，每喊完一个“一二一”，肯定要吸一口气，也就是说，两个“一二一”中间，会出现一个空拍，这个孩子迷惘就迷惘在这个空拍上：没有号子声了，我怎么走呢？他的选择是：停一下。关键是他停一下，别人都没停呀，于是就出现了我看到的那个奇怪现象。

怎么处理这个事情呢？

我想到了音乐上的空拍，于是这样教给他喊节奏：一二一，空；一二一，空。就加了这么一个“空”字，孩子就恍然大悟了。

于是，他终于可以跟大家一起齐步走了。一旦会走了，孩子就高兴起来了，你看他不仅跟上了节奏，还时不时稍微弹跳一下，轻松自如，一脸幸福，真可爱！

我把这个事情分享给其他老师听。当说到孩子走得手忙脚乱时，听者会情不自禁地说一句：“这孩子真调皮。”“这孩子是故意捣乱的吧？”我不回答，而是微笑着把这个故事讲完。听完故事的老师一般都会沉思良久。

作为成年人，我们不能低估我们的孩子，因为现在的孩子一个个都是小人精儿，他们说出的话或做出的事往往会令成年人惊叹不已，喜出望外，但我们也不能高估了我们的孩子，他们说的也好，做的也罢，都是跟着成年人学的，当然是有学习也有创新。比如令我们惊叹不已的话或事，那就是创新。既然是学习，就一定不会齐头并进，学习的过程有快有慢。特别是孩子们都是来自不同的家庭，接触的成年人不一样，学的东西也不一样，各个家庭对孩子的要求也不一样，所以，孩子们会的东西肯定也不一样。有些孩子，比如那个可爱的男孩子，“齐步走”之于他，是不能也，非不为也。

所以，当我们老师发现有些学生表现出来的某些不和谐现象时，先别急着下结论，而是要耐心了解孩子出现这种现象的原因，像老中医那样，望闻问切，各种方法都用上，判断出孩子的病因后，再对症下药，管保老师们“药到病除”，都成为“妙手回春”的高手。

伤害，以爱的名义

想到这个题目源自儿子小时候的一句话。当时，儿子上五年级，有一次，他的英语考得很不理想，我很生气，于是决定帮助儿子赶上来。

从这天起，每天晚上，我都要抽出一定的时间检查儿子英语的学习情况，英语课本中的课文朗读是必查的。英语小短文里有些单词是属于“二类字”之外的，对掌握这些词语的要求比较低，孩子回到家再读课文时有些单词忘记怎么读了是很正常的事。好在，他忘了，我会，我可以教呀。就这样，每天儿子都会为我提供展示我英语水平的机会。有些单词儿子的发音不标准，我就会一遍又一遍地教他读，甚至会让他看着镜子校正口型。

我清清楚楚地记得，有一次儿子读英语竟然读得泪流满面。但儿子很听话，即使读得泪流满面，读不准也绝不罢休。我感觉，在我全力以赴的帮助下，在儿子坚持不懈的努力下，儿子的英语成绩会很快赶上来的。

还没等到下次英语测试，有一天，儿子忽然对我说：“妈妈，我最讨厌英语了！”这可真奇怪——儿子的英语成绩一向不错，偶尔一次考差也不至于引起他如此强烈的反应吧？我赶紧了解缘由，儿子说：“我学什么都不挨批，除了英语。我一学英语就挨批，一学英语就挨批！”语气里充满了对英语的怨恨。

我听了心里一惊：儿子对英语的怨恨来自我的辅导！我在辅导儿子时的语气和态度给予儿子的感受，是导致儿子讨厌英语的罪魁祸首！

我顿时感到很委屈：每天，我拖着疲惫的身躯回到家，又包揽了全部家务，之后还要再辅导孩子学习，我的辛苦可想而知。但为了儿子，我再苦再累也咬牙坚持，我对儿子的一片苦心苍天可鉴！然而，我的这种种付出，在儿子那里，效果却适得其反。儿子对英语的感情，因我的辅导而由喜欢变成了“讨厌”！

但静下心来细细思量：从心理学的角度来考虑，我每天尽心尽力的辅导估计真的伤害了儿子的自尊心和自信心——每天都在别人面前展示自己的无能，确实是件有失颜面的事情！

这样看来，我，一个妈妈，一个有着教师身份的妈妈，正在以爱的名义，实实在在地伤害着我的儿子！

我的辅导，不可否认，对儿子是有帮助的，我肯定教会了儿子某个或某些单词！但是，同样不可否认的是，我伤害了孩子的自尊！拿孩子的自尊换取孩子学会个把单词，得不偿失！

学会读单词，方法很多！

我决定不再教儿子！

当然，我不教儿子，并不是完全放手，对他的学习不闻不问。我只是换了一种方式：儿子依然要读给我听，哪里有不会的，我会让儿子打电话向老师询问或是第二天到学校请教同学，然后我一定要让儿子再读给我听，只是，我不再辅导。

我不再辅导，儿子就没有了压力，学习起来便不再紧张。

结果，儿子再也不说“讨厌英语”之类的话了，英语成绩也很快赶了上来。

我很庆幸，我的儿子及时把他的感受说给了我听，我也很庆幸，我是一个善于反省的妈妈，儿子的话没有激怒我，而是引发了我的自省，当认识到自己是在以爱的名义，对儿子实施着伤害之实时，果断并及时改变了教育策略。

但是，并不是每个孩子都像我儿子那样，大胆地把自己的感受说出来，即使说出来，也并不是每个成年人都能像我一样具有自省的能力（有点小自恋哈）。由此推想，得有多少孩子，正在被成年人“以爱的名义”伤害着呢？

其实，想避免这种状况的发生有的是办法，最有效的办法是学点心理学，设身处地为对方着想。

那年我任教一年级，教孩子三拼连读。拼读，对于某些孩子来说，真的是很难。这不，我的学生小孔就被难住了。

我自认为自己教会了孩子以后，开始点名单独读。其他孩子真的很顺利地读了出来，轮到小孔同学时，他张口结舌，脸憋得通红，就是拼读不出来。我对孩子还是很有耐心的，不会读我再教。然而，我范读完接着就让他读，他竟然还是读不出来。其他孩子热情洋溢地要帮他。我找了一个小老师教他，没教会，又找了一个小老师教他，还是没教会。此时，小孔同学的眼圈红了，眼泪在眼眶里打转转。我知道，我不能再教了！小孔同学的自尊心受到伤害了！我和同学们打着爱的旗帜，以爱他的名义，一遍一遍地教他。站在众人面前的他，一直学不会的他，该有多么尴尬，多么难堪！也许，此时的他，真的有想找个地缝钻进去之心！爱心爆棚的我们，全力以赴地帮他，结果却是伤害了他——伤害了他的自尊心！

当我意识到自己正在以爱的名义实施着伤害时，果断停止了帮扶，请小孔同学坐下，建议他下课后找同学去学。

后来，小孔同学终于学会了三拼连读——可以肯定的是，绝对不是老师教会的，他应该是在没有受到任何伤害的情况下自己学会的。

教会了孩子知识，却伤害了孩子的自尊，得不偿失！所有的知识，如果当下学不会，都可以换个时间换个地点再学，只要孩子自己想学会，他终究能学会。但是自尊，一旦受伤害，后果就会很严重！

老师们，当我们再次以爱的名义为后进生补课时，请设身处地为孩子想一想，我们的方式是否正确？孩子是否乐意接受？我们，是否正在以爱的名义伤害着孩子的自尊？

爱，不只是一厢情愿的付出，怎样去爱，需要真情，更需要艺术；爱，要与智慧同在！

说“话茬儿”

说实话，老师是很讨厌学生接话茬儿的，可学生偏偏喜欢接老师的话茬儿。接话茬儿的孩子也许是出于情不自禁地脱口而出，也许是出于跃跃欲试的自我表现。但无论出于哪一种理由，接话茬儿终归是违反课堂纪律的，是老师不能忍受的。对于这一课堂上的顽疾，我曾经跟大家一样深恶痛绝，也曾煞费苦心地去禁止，但屡禁不止。

可现在我不这样认为了，观点的改变当然是有原因的。

那天我讲《雪猴》一课。讲到“变化莫测”这个词时，有学生手捧参考书读这个词的意思。知道主动查找资料理解词意，这应该是值得表扬的，但这方法并不值得称道——谁不会读啊！能联系上下文理解词语的意思才叫能力呢！所以，我很自然地问了一句：“有谁是用联系上下文的方法理解这个词的意思的？”小颖举起了手。她先读了书上相关的句子：“这里气候变化莫测，常常一个时辰就可以出现阴晴雨雪、冰雹风霜多种天气。”然后她说：“一个时辰就是两个小时，两个小时里竟然能出现那么多种天气状况，这种变化当然没有什么规律，变化那么快，估计也是没法预测的。所以，我认为‘变化莫测’的意思就是变化没规律，让人琢磨不透。”她的话音刚落，教室里就响起了热烈的掌声。本来，对这个词的理解到此为止是最完美的收尾。可是，我的大脑细胞被这个学生精彩的发言给撩拨起来了，不说两句过过瘾，嘴痒得难受。于是，我说：“是啊，刚刚还是阳光普照，忽然之间竟变成了阴云密布，还没等你反应过来呢，它又云——”这个词就在我嘴边，我应该能脱口而出的，可是，我的大脑不知怎么了，竟然在如此关键时刻“死机”了！任凭我怎样的搜肠刮肚，大脑里依然是空白一片。这可怎么办啊！就在我又羞又恨又急之时，小姑娘珊珊把我的这一话茬儿接了过去，她接的是——云开雾散！这四个字如同神奇的魔戒，驱动我的大脑继续运转起来。珊珊这个话茬儿接得真是太及时了。

看看今天的情况，想想以往的经历，我对学生接话茬儿这一事情忽然有了新的感受：接话茬儿这一现象并非一无是处，有些情况下，老师的思维是靠孩子接的话茬儿连缀起来的。有些课堂可能会因孩子接的一个话茬儿而增色不少呢！

反过来，从孩子的角度考虑，接话茬儿确实也是一种积极的表现。想想看，一个两目呆滞、神游八极的学生能知道你在讲什么吗？你叫他两三声他都不知道你在叫谁呢，他能接你的话茬儿吗？这样一想，我们不就可以释怀了吗？你是不是感到接话茬儿的孩子忽然之间变得可爱起来了呢？是啊，接话茬儿不正是孩子认真听课的有力证明吗？接话茬儿不正是孩子积极思维的外在表现吗？一个孩子，忽然来了灵感，我们却不让他脱口而出，非得让他经过“举手、许可、发言”这一看似健全的“法律程序”，在完成这一连串的程序之后，孩子那灵感的火花是否还能继续燎原呢？恐怕这一微弱的火花早就在这一系列的等待中自生自灭了！真的不清楚，有多少孩子的妙语箴言被我们严格的课堂纪律扼杀了呢！能够让孩子畅所欲言的课堂才是真正的以学生为本的课堂。以学生为本的课堂就应该少些禁锢，多些民主；少些约束，多些宽松。

任何事物都应辩证地去看，对学生接话茬儿这事也应以这种态度去对待，不要一味地否定。

语言的杀伤力

那是儿子三岁多的时候，我给他买的瓶装奶他一次没喝完，我打开冰箱门，让他放进去。冰箱门内侧有专门放瓶装饮料的地方，儿子想放在那里。但瓶子太高了，虽然上下两栏间的距离完全可以让这个瓶子站着放进去，但外挡板的距离留得不够，作为成年人，连想也不用想，只需把瓶子一斜，就万事大吉了。但刚过完三岁生日的儿子怎么都放不进去。我看着儿子为难地琢磨来琢磨去，感觉挺好玩，嗔怪道："你怎么那么笨呢！"也许是赶巧了，我这句话刚出口，儿子就琢磨出门道来了，将瓶身一斜，稳稳地把瓶子放了进去。

这件事发生在天刚过午时。

临近傍晚，我到厨房收拾东西，准备做晚饭，儿子颠颠地跟着我进了厨房，我不知道儿子的表情，更不清楚儿子的想法，我以为儿子仅仅是跟着妈妈而已。然而，他从我身后抱住了我的腿，怯怯地说：“妈妈，你不要再说我笨了好不好？”话里满含委屈。

我一愣，猛然想起放瓶子事件。坏了，我随口一说的话，深深地伤害了一个小娃娃柔弱的内心！从放瓶子到现在，足足一个下午！小小的儿子是在怎样的纠结和焦虑中度过的呢？自责霎时间抓住了我的心！

我略加思索，转过身，抚摸着儿子的小脑袋：“儿子，妈妈错了。你记住，在妈妈眼里，你一直都是最聪明的孩子！那瓶子你不是通过自己的努力好好地放进去了嘛！我们家小哲哲好棒哟！”

接下来儿子的反应我已经忘记了，他笑了没有？我不清楚。但是，儿子的那句“妈妈，你以后不要再说我笨了好不好？”一直回响在我耳边。如今，事情已经过去二十年了，再次跟儿子提起，儿子说他早已忘记了这件事情，但我不会忘记。

不仅不会忘记，我还时时提醒新入职的老师们，一定要注意自己在学生面前的一言一行！在自家孩子面前，如果没有控制住自己的情绪，说了不该说的话，还是有弥补的机会的，就像我们家的“放瓶子事件”，但对于学生来说，有些伤害可能终生无法弥补——我们没有意识到这种伤害，但孩子感受到了，他们又不敢跟老师交流，于是，这阴影就在老师不知情的情况下，长久地留在了学生的心底。平时大人无意识的行为都可能在孩子眼里被放大几倍继而生根，这是多么可怕的事情！

孩子成长的过程中，肯定会遇到一件又一件他无所适从的事情。这时候，有些孩子会问，有些孩子会琢磨，有些孩子会根据经验想当然地去做。当然，孩子做错的可能性是很大的。面对闯了祸的孩子，家长怒不可遏也是可以理解的，但怒过之后，肯定要有一个教的过程。每一个家长都要明白，孩子做错事是缘于他的不明白——即使是明知故犯的恶作剧，那也是孩子不明白这恶作剧的后果到底多严重。所以，批评犯了错的孩子是必须的，教给孩子以后遇到类似的事情该怎么做不该怎么做，更是必需的。

俗话说，吃一堑，长一智。这是说“吃”那一“堑”的人自己琢磨出来门道了，所以“长了一智”。但并不是每个人都能清清楚楚地知道自己“吃”这一“堑”的真正原因，自然也不明白今后怎么样避免再吃这样的“堑”。不能无师自通的孩子，就需要成年人教了。教给孩子，是让孩子由不会到会，不是对孩子进行讽刺挖苦。孩子出了问题，我们批评教育他肯定是出于对他的关心，对他的爱。所以我们常对孩子说：“我管你是为你好，大街上那么多人，我怎么不管他呢！”是的，我们批评教育孩子是为孩子好，既然是心中有爱，为什么不循循善诱呢？

对于屡教不改的孩子，当头棒喝也是必需的。当头棒喝是斥责，语言可以掷地有声，但那不应该是伤人、攻击的话。批评和攻击，一定要分清！孩子犯了错，批评是必须的，攻击性的话语是万万不可说出口的！

良言一句三冬暖，恶语伤人六月寒。语言的伤害造成的是内伤，内伤好得慢，有些内伤是会致命的。

当然，这并不是说我们的孩子脆弱到连一句重话都禁不起，而是说，婴幼儿时期的孩子十分脆弱，需要成年人格外关照。

其实，孩子的学习也存在着“婴幼儿时期”。这个时期的孩子同样需要成年人格外关照，需要成年人小心翼翼地呵护着，万万不要因自己的情绪不佳而口吐利器，伤着孩子那脆弱的内心了！

倘若心中有爱，那就口吐莲花吧！

“慢热型”的孩子

那天下午约六点半到七点之间，我接到一个女士的电话，她说她是我班一个学生的家长。但是当时我正在开会，只得压低声音告诉她，会议结束后我再打给她。

八点多，会议结束，我给这位女士回了个电话。简单的一番沟通后，我明白了，这位女士的女儿因为没上幼小衔接班，拼读学习起来相当吃力。b—p—m—f与六个单韵母的拼读，她的女儿只会 b 与 a 的拼读。

拼读之与孩子，确实不是一件容易的事。但并不会困难到学不会的程度。拼读，以我教学近 30 年的经验来判断，孩子们都能学会了，但学的速度不一样，有的快一些，快的原因有二：一是孩子在拼读方面悟性高；二是孩子曾经学过。有的慢一些，不同的孩子原因也不同。就像列夫·托尔斯泰在《安娜·卡列尼娜》的开篇说的那样：“幸福的家庭家家相似，不幸的家庭却各有各的不幸。”学得慢的孩子各有各的原因。但无论什么原因，他们都能慢慢学会拼读。

所以，听这位女士诉说着她的女儿学不会的时候，我的内心并没有起任何波澜，只是很平静地问了一句：“你会不？”我的意思是，家长如果会，家长可以给孩子开个小灶，如果不会，也不必介意，到学校后老师慢慢教。家长的回答只有一个字：“会”。于是我随口回了一句：“你会你先教教她。”就是这句很普通很普通的话，一下子让这位家长情绪崩溃了，她“哇”的一声哭了出来，边哭边诉说：“我教了，我教不会！我把孩子打了一顿。”

这才是让人哭笑不得的逻辑——因为我没教会孩子，所以我把孩子打了一顿！

如果孩子这样用“因为……所以……”造句子，老师肯定得判错——不符合逻辑嘛！但就是这么不符合逻辑的事情，这位学生家长就这么做了，而且丝毫没有意识到自己错了！

自己教不会孩子，应该敲一敲自己的脑袋，看能不能敲出一点智慧的火花来，而不是冲着孩子一顿臭揍。这位家长之所以做出这么不理智的举动来，究其原因，用中国的传统思维来说，是爱之深，责之切。虽然这位家长的做法欠妥，但是，有类似做法的家长朋友却不少，我想，如果让所有的家长朋友们都设身处地想一想的话，他们自己在当时的状态下，很有可能也会采取相同的做法，这种做法的背后其实是有心理支撑的：焦虑！

我理解家长的焦虑，所以我不会采用当头棒喝的方法制止家长的不理智做法，我给这位家长朋友聊了下面两个词语：即热型与慢热型。

即热型，顾名思义，热得快嘛。一般所谓的即热型，都是三秒即热。三秒，转瞬间，就热了，多快呀！这就相当于同在一个班上学习，有些学生就是学得这么快，属于“即热型”的孩子。但有些孩子学得就没有那么快。（当然，学得不快的原因也很复杂，咱们另找时间讨论。）说实话，我就属于“慢热型”——老师讲的新课，如果让我当堂反馈，我很有可能被“晾”在那儿——我的“胃功能”不够强大，虽然我已经把老师讲的知识塞进了大脑里，但它们一点都不属于我——在我的“消化酶”没有消化这些新知识之前，我是没有能力掌控它们的。

说人话就是——我还没学会！

但是，给我一段时间去消化吸收之后，我基本都是“后来居上”——比当堂掌握的那些同学理解得更深入，掌握得更扎实。

我是典型的慢热型！我相信，我的学生中也会不乏我这样的慢热型。所以，我一般不那么急着反馈，不让慢热型的孩子看那到令人自信心受挫的成绩。学完新知识，我会通过不同途径反复巩固，给孩子留够消化吸收甚至是反刍的时间，确保学生学扎实、会运用，最终达到让这些新知识慢慢成为孩子生命的一部分的目的。

家长也好，老师也罢，当再遇到孩子没学会新知的情况时，请想一想“慢热型”这几个字吧。

“赢了”与“赢得”

“赢了”与“赢得”是不一样的。赢了，是征服了，是对抗的结果，赢得则是精神上的收服。

刚入一年级的小赫赫，欢得跟个泥鳅似的，一眼看不到，他就自己玩去了，不是趴到桌子上，低头看自己的双腿自由地晃荡，就是把文具盒里的文具折腾得死去活来，要不就是呆呆地看着一个地方，神游八极。想让他专心听一会儿课，确实是很费脑筋的一件事情。

午饭后的时光，是我们学校规定的读书时间。高年级的学生都会默读，刚入一年级的小娃娃，斗大的字还不识一升呢，默读？开玩笑！我让他们朗读。我教了他们不少的诗歌，没有基础的学生可以在这段时间内读我教的诗歌，识字比较多的孩子自由读书。这位小赫赫呢，需要老师好好盯着才行。

这天午饭后，我走到班里，班里已经到了不少同学了。同学们正在自由读书，但小赫赫除外。丽莎老师正在跟他聊天，但小赫赫很明显对这场聊天不感兴趣。见我进来，丽莎老师苦笑着对我说："黄老师，这个孩子怎么都不读书。"说完转身去关注其他孩子了。

我摸了摸小赫赫的小脑袋，俯下身子，微笑着对他说："小赫呀，你为什么不读书呢？"人家小赫同学快速把头扭向一边，不搭理我；我换个方向，身子俯得更低了点："人家都在读书，读书声音多好听！你也读读让老师听听，好不好？"小赫赫还是不吭声，并且又把头扭向了另一边。

多么无礼！

我完全有理由大发雷霆。而且，凭借我的身高和年龄优势，更重要的是凭借我的身份优势——老师，我可以轻而易举地全面碾压小赫赫，取得这场对抗中的完胜。但是，完胜之后呢？大概，小赫赫的心中，会筑起一道壁垒——用来与我对抗的壁垒。然后，我就更加难以对小赫赫实施教育——这是我最不愿意看到的结局！

所以，大发雷霆肯定不能用。虽然我是热脸贴到了凉屁股，在与小赫赫的聊天中讨了个没趣儿，但我并没有生气，我的大脑在高速运转：很明显，小赫赫的犟劲儿上来了，虽然不知他的哪根筋儿搭错了，但我可以像正骨的医生那样，先慢慢摸排，摸出扭筋的地方，再用我的专业知识给他“捏”过来。

反正这个孩子不理我，我就不再腆着个脸跟他说话了。我直起身子，看着其他专心读书的孩子，特别是他身后的小耿同学，那幅投入的样子真的是太可爱了！我举起手机，调到了录像功能。当然，录下来的，不仅仅是专心读书的孩子们的可爱模样儿，还有坐在那里发呆的小赫赫的“光辉形象”。这边专心致志，那边无所事事，对比太鲜明了！

我把录像放给小赫赫看，然后说：“你看人家小耿同学读书多认真，我要是把这段录像发咱班的微信群里，他的家长看到后，肯定非常开心。”（班级有个微信群，孩子们都知道。有些亲子共读的家庭作业，好多都是他们自己录自己发的）。小赫赫听我这样一说，快速张开了口：“不行！你不能发！”

他在命令我！他害怕我把这段录像发群里！

虽然孩子那么小，但足以明白在大庭广众之下丢人是多么令人难堪的事——他不愿意在大庭广众之下丢人！

怕丢人，说明孩子有羞耻心！只要有羞耻心，就好教育了。

时间过得飞快，在我与小赫赫对话的时候，预备铃响起来了。我们的谈话没结束，于是，我把小赫赫请到了我的办公室里，谈话继续。

“今天录的不发也行。老师明天再录。你明天午饭后来到学校就认真读书。老师把你认真读书的样子录下来发群里，行吗？”小赫赫使劲点了点头。

只点头还不行，小孩子自制力、自觉性太差了，我得加深一下他的印象：“咱今天先演练一下。如果这里是咱的教室，你午饭后来到教室里了，该怎么办呢？”小赫赫很娴熟地翻开书，开始旁若无人地读起来，办公室里回荡着他琅琅的读书声。

我不管他了，开始跟其他老师研究下一节课的教法——一年级的知识很简单，但越简单的内容越不容易教。

我们研究我们的课，小赫赫读他的书，虽然声音会互相传到对方的耳朵里，但双方都对对方的声音充耳不闻——我们投入地研究，孩子投入地读书。

时间最少过了半个小时，我们的讨论结束了，小赫赫的读书声依然很洪亮，他读书的神情依然很专注！一年级的小娃娃，注意力持续了半个小时，真是了不起！

我打断了孩子的读书，大大表扬了他一番，然后告诉孩子：“明天，我肯定会录同学们读书的视频，但不会告诉大家什么时候录，我要偷偷地录。所以，你到校后就像刚才似的，一直认真读书就行。这样，我什么时候录都会录到你认真读书的样子。你能做到吗？”“能！”小赫赫底气十足地回答。听完孩子的承诺后，我没有跟孩子拉钩，直接让孩子回去了——那么小的孩子，他的承诺能撑多大会儿呢？

第二天午饭后，我还没走进班里，就听到班里传来了动听的读书声！进屋一看，已经到了好几个学生了，大家都在专心致志地进行午读，其中就有小赫赫。真自觉呀！我由衷地感叹。孩子遵守承诺，到校后主动专心读书，我也要兑现我的承诺：录视频。当然不是马上录，而是等了一会儿，等学生们基本到齐的时候才录的。在我等的这段时间里，小赫赫连眼皮都没抬一下，一直专注于他的课本中。

第三天，小赫赫依然早早到校，自觉主动地阅读。

真开心！

希望孩子一直这样坚持下去，直至养成良好的自觉主动地读书习惯。

教育小赫赫，应该说取得了初步的成功。或者说，在与小赫赫的较量中，我获得了初步的胜利。这个胜利，不是我赢了小赫赫，而是我赢得了小赫赫。

赢了与赢得，一字之差，谬之千里。

赢了孩子，是压制住了孩子，把孩子当成敌对势力。而赢得，则是心灵的收服。当孩子对老师心服口服了之后，教育，才算真正发生了。

教育，长这样儿

之所以想到这样一个题目，源自以下两个教育小故事。

好听的话儿就像甜甜的果子

这句话很有新鲜感。

这是一年级二班的班主任姜老师的名言。

那天，一群学生拥到办公室，七嘴八舌地向姜老师告状：xx 说脏话了！

姜老师不急不躁，回了句：我知道了。你们先回教室，老师马上过去。

孩子们走后，姜老师大脑高速运转，眼珠不由自主地跟着转动。忽然，她的目光落在了桌子一角的小包上——那个包里装的是姜老师买给自家孩子的果子，姜老师一眼看过去，马上两眼放光，提溜起那包果子走进了教室。

孩子们看着姜老师把果子放在讲台上，分成53份。果子诱人的香甜味儿已经把孩子们的馋虫勾出来了，他们急切地盼望着姜老师把果子分到自己手里边。姜老师笑眯眯地说："这果子不能白吃，大家要细细品尝，吃完后要告诉老师什么滋味哟。"

孩子们遵守约定，细嚼慢咽，然后异口同声告诉老师："果子甜甜的，可好吃了！"

听到同学们的回答，姜老师语重心长地说："看来，孩子们都喜欢吃甜甜的果子啊；其实呀，好听的话儿就像这甜甜的果子，大家都喜欢听，如果是坏了的果子，肯定就不能吃了，难听的话就像坏了的果子，谁都不喜欢。同学们以后一定要说好听的话呀。"

一年级的小娃娃听姜老师这么一说，大大的眼睛里装满思考。正好，一个小男孩一不小心碰掉了铅笔盒。姜老师轻快地走过去，弯腰帮小男孩捡了起来，小男孩看看铅笔盒，又看看姜老师，愣了片刻。然后有点害羞地说："谢谢姜老师！"姜老师笑了，随即答道："你的话真像甜甜的果子，老师可喜欢了！"

小男孩笑了，同学们都笑了，此时，果子甜甜的香味儿已弥漫了整个教室……

对于小学生，特别是低年级的学生来说，教育，就长这个样儿——让娃娃们在耳濡目染中，在潜移默化中，在春风化雨的呵护中拔节，成长。

污秽满桌

周四，午读时间，是所有学生坐在教室里静静读书的时候，但我看到有一个班的学生竟然都站在了走廊上。

我走过去问缘由。

学生答，他们班有一个学生吐了，吐了一桌子，流了一地面，屋里味儿很大，大家都受不了了，所以全跑出来了。

“老师呢？”我又问。

“楼下撮土去了。”学生答。她不舍得让学生去做，是一个懂得心疼孩子的老师，我想。

我扭头看了一下教室里，从前面数第二排有一个桌子上，满是呕吐物。

“那个呕吐的孩子呢？”我问。

“在门岗。老师已经给他的家长打了电话，家长说让他到门岗上等一会儿，他的家长马上就到。”

哦，这还好点，这帮孩子的行为那个孩子没看到。

我长长吁了一口气。但转念一想，这帮孩子皱眉、掩鼻、纷纷躲到教室外面的这一系列行为，那个孩子可能已经全程见证了，也就是说，伤害已经发生。

就算大家的行为已经给那个孩子带来伤害了，但亡羊补牢，犹未晚矣。我得抓住这个事件做点什么。

“我采访一下哈，”我扫视了一下眼前的学生，目光停在离我最近的一个女孩身上：“请问，如果今天吐的是你，你最希望同学们做什么？”女孩没有马上回答，她在思考——她是个很谨慎的孩子。另一个女孩心直口快：“我希望得到同学们的帮助，或者是安慰，而不是……”话说到这里，刚才那个在思考的学生马上悄悄扯了一下她的衣服。心直口快的女孩立刻闭了嘴。我意味深长地看了一眼那个谨慎的女孩，接着问：“如果今天你吐了，同学们都像现在这样全都一脸嫌恶地躲了出来，你会做何感想？”

“我会很难受。”

“我会很伤心。”

“我可能会哭。”

这次，回答的孩子多了些，那个谨慎的女孩也发了言。

“你们身体不舒服，你们很虚弱的时候，希望得到同学们的帮助，但同学们不但不帮你，反而嫌恶地躲开了，你们肯定很难过。那么，在同学们身体虚弱，希望得到大家帮助时，大家该怎么办？现在，请回教室，看老师是怎么做的。”

同学们很给面子，一个个乖乖回到了教室里，课桌离有呕吐物近的那几个学生站在了讲台旁边。大家都在静静地看着我。我站在了满是呕吐物的桌子前。

“谁有塑料袋，借我用一下。”很快，好几个同学向我伸出了援手——孩子们习惯都挺好，随手带着塑料袋，准备把自己的废纸装进去。

我接过其中一个，吹了口气，知道这是一个完好无损的塑料袋，然后把右手伸了进去，又问：“谁有卫生纸，借我用一用。”有个眼疾手快的男孩马上把一包抽纸给了我。我抽出几张来，摞在一起，然后，用那个伸进塑料袋的手拿起这一沓纸巾，轻轻擦拭这张满是呕吐物的桌子。

一沓纸不够用的，我又抽出一沓。孩子们静静地看着，没有人皱眉，没有人掩鼻，更没有人试图逃离。我把桌面擦干净，抓起沾满呕吐物的一团纸，左手扯住塑料袋的提手处，轻轻往下一拉，污物便进入到塑料袋里面，我的手一点没脏！

“同学们，呕吐物很脏，这是事实。同学呕吐了，身体很虚弱，很需要得到大家的帮助，这也是事实。这种情况下，我们绝不能像刚才那样做嫌恶状躲出教室去，而是要义无反顾地去帮助同学。怎么样才能既帮助同学，又保护自己，做到两全其美呢？这就需要动用我们的智慧了。”

听完我意味深长的话语，一个女生马上效仿我的动作，继续进行清理——有些呕吐物溅到了桌洞的书本上。

我想，我的目的达到了，以后，这个班的学生再有呕吐的，他们应该不会再纷纷躲出教室了。

我理解这个班的班主任的做法，她看到呕吐出来的污物，出于本能的反感，然后，由己及人，知道同学们也会讨厌这些味儿特别大的污物，所以就默许这些学生躲了出来。出于对学生的关心，她还准备自己动手去清理污物。

只是，她忽略了一个最关键的问题：谁才是现在最虚弱最需要安慰的学生！

她没想到的是，这是一个多么好的教育孩子要保护弱小者的契机！孩子的同情心哪里来？首先来自人的本能，其次来源于后天的教育。

教育，是需要契机的。如果你问我教育长什么样儿，我感觉，教育就长这个样儿——抓住契机，顺势引导。

让孩子们在集体活动中锻炼自己

教育需要老师有足够的爱心和耐心，也需要老师有因材施教、因地制宜的教育智慧。教育智慧说起来挺玄乎，放在活生生的例子里就比较接地气儿了。

把胆儿练肥

小马同学今年已经上高三了。想当年他刚到我班里的时候，胆小又自卑。我组织的每周一次的读书交流活动他根本不参加！别说让他主动参加活动了，就是上课的时候点他名字让他回答问题，他都把头深深地低下去。

当然，班里像他这样的孩子不止一个。我不得已放低了难度：每周一次的读书交流活动，我们可以不亲自站在讲台上讲。你如果想参加，又担心自己讲不好，你可以自己在家反复练习，练到自己满意了，就录下来，然后把你的录音带到学校来，我放给同学们听！

又到了周一的读书交流时间，小马同学很羞涩地走到我身边，递给我一个U盘。

我很开心！这孩子积极响应我的号召，说明他从心底里是希望自己可以得到大家认可的。这是一份难得的上进心！无论他讲得怎么样，我都得给予他莫大的鼓励！

我把他的U盘插入电脑，里面显示只有他的音频资料——他的家长也是一位很心细的人，怕老师找资料不容易，故清空了U盘，里面只放孩子的资料。

音频开始播放。声音刚刚传出来的那一瞬间，我知道，这孩子赢了！这是一种很有感染力的声音——肯定练习了很多遍，并请人指导过了。孩子是认真的，家长是用心的。家长是孩子最重要的老师。孩子的优秀，绝大多数原因来自家庭的影响！

同学们静静地听着，那神情，让我想起了我小时候听刘兰芳老师说《杨家将》的样子。

小马同学跟大家分享的是一个故事，故事讲完，教室里爆发出一阵热烈而持久的掌声，那是同学们发自肺腑的认可与赞扬！估计那掌声里还有抑制不住的激动与兴奋：同窗共读整两载（我接这个班之前，他们已经同学一年了），未识小马真面目！我们印象中的小马同学是沉默寡言、胆小内向的呀，没想到小马同学是真人不露相！“不鸣则已，一鸣惊人”说的就是我们的小马同学啊！

这掌声给小马同学注入了极大的自尊与自信，不苟言笑的小马同学嘴角慢慢上扬起来了。但最终还是笑不露齿——内敛啊。

这位内敛的小马同学一发而不可收，从此再也不用靠录音来展示自己的实力了，他勇敢地走上讲台，在全班同学面前谈笑风生，挥洒自如。再后来，他的活动范围慢慢扩大，校级、区级甚至市级的活动中，都可以看到他活跃的身影。

拥有了自信的阳光男孩小马同学，一直很感激他的语文老师，但凡遇到写老师的作文，他的选材必是他的黄老师。（这是他的妈妈在微信里告诉我的。）

小马同学的经历告诉我，只要有家长的支持，教育，没有不可能。关键是，老师要把起点放在哪儿的问题。说实话，我原来带的班级，也是每周一次读书交流活动，但是我从来没有用过这种播放录音的办法——大家都踊跃展示自己。教这样的班级，起点自然就得定高一些。

换个班级，孩子们自信不足，不敢在公众场合发言，那肯定得降低难度了——不敢发言不是不想发言！估计很少有人不想发言的，不敢的居多，只要把他们的胆儿练肥了，孩子们都敢于表现自己了，每个孩子都会成为阳光自信的好孩子！只是，如何练胆量，需要老师的智慧，更需要家长的配合。

氛围带动

老师的智慧在于，如何给孩子营造良好的学习氛围。只要给他们营造了良好的氛围，他们一定都会憋着一股劲儿，努力奋进，力争上游！

这是我从我们班阿轩同学身上得到的启示。

阿轩，先天条件不如小马同学——吐字没有小马同学清晰。

为了让每一位同学都认真读书，且读有所得，在这个活动有了一批忠实的拥趸之后，我班的读书交流采取了抽签决定交流人员的方式，抽到谁谁分享。准备不够充分的，自然就露怯了。那天，抽到的是阿轩同学。

一听阿轩的名字，我的心一下子提起来了——他要是直接“晾”到讲台上该怎么办？本来就缺乏自信的他，会不会因为这一“晾”而更加自卑呀。我估计同学们跟我有一样的担心。因为大家都了解这位不善言辞的同学。

我们把目光转向阿轩同学。但见人家阿轩同学自信满满，气宇轩昂地走上了讲台。

很有范儿！这就成功一半了呀！有了自信，就等于成功了一半嘛。

在讲台上站定，阿轩同学打开了话匣子，侃侃而谈。他的表现大大出乎了我们的预料！

自然，同学们也把热烈而持久的掌声送给了他。惊诧于阿轩出色表现的我忍不住当场采访："阿轩，你怎么讲这么好呢？"

"我知道迟早有一天会抽到我，所以我早就做好了准备。就这一个故事，我已经练习了一个多月了！就等着抽到我的那一天用呢！"

哦，原来，这棵小苗早就憋足了劲儿，就等着这点阳光照到他身上，他好灿烂一把呢！

他为什么会提前准备一个月呢？因为我们班的这个活动每周一次，他一定会有展示自己的机会。

营造一种氛围，让每一个生活在这个集体中的人都有获得机会的概率，那么，每一个人就都会积极上进的！

用氛围带动大家共同进步，让大家都能"不待扬鞭自奋蹄"，也许，这是教育的最高境界。

每个孩子都是可爱的

曾经读过刘庸先生的一篇文章，题目是《觉得自己可爱的请举手》，读后感触颇深。文章中写道：一个班里的孩子，觉得自己可爱的寥寥无几，实在少得可怜。由此刘先生发出许多感慨。其实，何止是刘先生调查的那个班级呀，到我们现在的任何一个班去调查，可爱率都不会高到哪里去的。想到此，我长叹一声，合上了书本。

几天后，我班的四个调皮成性的孩子又犯了错，班干部将他们的劣迹“举报”到了我的面前。我即刻将他们“宣”到了办公室来。

看着眼前这四个低眉垂手的孩子正等待着我的宣判，我忽然有点茫然了：这几个孩子基本上是在批评声中长大的，眼看着到了小学的最后一年了，他们的缺点不仅没有减少，反而有所增加，批评对孩子来说到底起到了多大的作用呢？我决定放弃批评，与他们好好谈谈。

“自己说说事情的经过吧，从左到右按顺序一个一个地说。”“老师，我错了。”让他们说事情的经过，他们竟然把“老师我错了”这几个字一遍遍地在我面前“重播”！真是岂有此理！虽心中有气，但决不能爆发出来。既然决定不批评他们了，我的态度就要温和到底。“知错很好，但知错仅仅是万里长征的第一步啊，接下来我们要下决心改错，能改不？”“能！”四个孩子不假思索，冲口而出。看来这种回答早已成了条件反射了。不管怎么样，话还是要接着谈下去，说不定谈着谈着我就可以找到机会，顺势引导了呢。“能就好，人家都那么遵守纪律，都那么可爱，咱为什么就不能呢？”说到“可爱”二字，我忽然想起了《觉得自己可爱的请举手》这篇文章。于是大脑中灵光一闪，我何不活用一下呢？“你们几个觉得自己可爱吗？”没人吱声。“感觉自己不可爱吗？”他们几个抬眼看了我一下，但没有声音表示。“看来，你们是不相信自己啊，老师有办法帮你们找到自信。”听我这样一说，他们几个全都把头抬了起来。“老师教你们几句话，你们把它写下来，贴在自己的小屋里，每天早、晚分别大声读三遍，只要能坚持下来，你们就一定能成为可爱的人。你们信不信？”他们四个互相看了一眼，点了点头。根据他们的特点，我编了如下三句“黄氏名言”：“我可爱，因为我团结同学；我可爱，因为我尊敬师长；我可爱，因为我按时完成作业……”刚说到这里，其中的两个孩子便再也严肃不起来了，“扑哧”一声笑了。“老师，我们没有做到这些，怎么能说‘我可爱’呢？您这不是闹着玩的吗？”我一点也不生气，正言道：“我知道你们以前没做到这些，但我们以后可以做到呀，做到了不就可爱了吗？老师相信你们一定能做到，你们难道还不相信自己吗？”几个孩子极没底气地说了声“相信”。别说他们自己没信心，我心里也没底，没底也得试一下！本来我还想再加一条，但想了想又放下了，贪多嚼不烂，还是先把这三条做好了再说吧。“好，回去按老师说的去做吧。这几天，除了每天早、晚大声读三遍给自己听以外，每天早晨到校后再把你们的‘誓言’说给我听听，行吗？”“行！”

于是，接下来的一周里，我每天早上的第一件事就是听这四个孩子的“宣誓”。之所以让他们每天向我“宣誓”，主要是为了督促他们天天按计划做下去，逐渐养成习惯。其实，向别人宣誓用处不大，那只是个形式，只有向自己宣誓，自己打心眼里认同了这几句话，他们的宣誓才会变成自觉自愿的行动，实现转化之目的。

为了保证这信心的源头活水每天都能源源不断地注入他们的心田里，我又约见了他们的父母，把我的想法告诉了他们，取得了他们的支持，并请他们代为监督。

这几句话并没有让他们立刻脱胎换骨，调皮的天性不会因念这几句话而“灰飞烟灭”。再说，调皮不是错，该调皮时且调皮也挺好的——我认为。

那天，天降大雪。这可把孩子们给乐坏了。乐晕了的孩子们把雪团成球状，肆意地向伙伴们身上、头上砸过去。砸着砸着就砸出毛病来了，那四个调皮鬼之一的磊磊一不小心将一个大大的雪球砸在了一位老师头上，被这位老师抓了个正着，然后押送到我的面前，没容我开口她便开始了声色俱厉地训斥。再看看这个孩子，一副认罪伏法的可怜样子。看到他这个样子，我心中打了个激灵：这要是把他的糗事“发扬光大”了，我与他这一段时间的努力可能就要泡汤了！想到这里，我赶紧向那怒发冲冠的老师赔礼道歉，并命令磊磊也真诚道歉。送走了那位老师，我回过头来重新面对这位闯了祸的学生：“把老师让你每天早晚大声读给自己听的话再说一遍！”“老师，我错了！”他又开始“重播”了。“没让你认错。”“老师，我真的错了，我真的不可爱。”

坏了，这孩子竟然因为这次的突发事件而否定了自己！我们这么多天的努力难道会因此而前功尽弃？不行，不能让这种情况发生！这次的事件本来也不能全怪孩子的。“磊磊啊，能看到自己的错误就是你的可爱之处啊。人们常说‘青年人犯错误连上帝都会原谅的’，何况你们小孩子呢？再说了，这次事故也不能全怪你。我知道你们小孩子对雪的喜爱程度有多深，只是雪球不长眼，害你犯了错误，以后注意就行了。”听我这么一说，小家伙不再沮丧，微笑开始爬上了他的眼角。“回去在你原先那几句话下面再加一句：我是可爱的，因为我是知错就改的！”“哎！”小家伙答应一声，一溜烟跑走了。

过了一段时间，我再次抽查他们的“誓言”，没想到，他们不仅把最初的那三句严肃认真地朗诵了出来，而且又加上了磊磊的那一句：“我可爱，因为我是知错就改的！”

看着他们一脸严肃地在“宣誓”，我真的好感动，好感动——多可爱的孩子啊，他们已经开始主动去做事情了！

现在，他们的这种“宣誓”已经慢慢渗透到了自己的行动中，真好！

这几个孩子用他们的行动在告诉我：当我认为他

们是可爱的，并让他们也认为自己可爱的时候，他们就真的可爱起来了。

这，大概就是大家常说的皮格马利翁效应吧。

皮格马利翁是希腊神话中的塞浦路斯国王，善雕刻。他用神奇的技艺雕刻了一座美丽的象牙少女，在夜以继日的工作中，皮格马利翁把全部的精力、全部的热情、全部的爱恋都赋予了这座雕像。他像对待自己的妻子那样抚爱她，装扮她，为她起名加拉泰亚，并向神祈求让她成为自己的妻子。爱神阿芙洛狄忒被他打动，赐予雕像生命，并让他们结为夫妻。

这就是皮格马利翁效应。皮格马利翁效应告诉我们，对一个人传递积极的期望，就会使他进步得更快，发展得更好。

后来这一效应被用在教育心理学上，也称“期待效应”“罗森塔尔效应”，比喻教师对学生的期待不同，对他们施加的方法不同，学生受到的影响也不一样。

是的，虽然孩子的遗传基因不一样，成长环境不一样，学习能力、学习习惯不一样，各种不一样导致学生的学习不会齐头并进，我们对孩子的期望也不一定能实现，但是，这些都不影响我们对孩子报以美好的期待。有期待，有方法，目标才有可能最终达成。

新松恨不高千尺

春季，万物生长，恰逢其时。我家的绿萝吊兰长势更加喜人。每年的这个时候，我都要剪下几段，插入空花盆里，成活后分赠邻里。

今年搬新家，想这一箱吊兰实在难带走（我的绿萝养在一个大箱子里，大箱子盛土多，这也是我的绿萝长得旺的原因之一吧），开春时，决定剪下几段，分插在几个小盆里，带到新家去。

这几小盆绿萝被放到了新家的阳台上。小心呵护了一个星期，大多数小绿萝一直水灵灵的，支棱着两片绿叶，很精神地安家在新盆里了。只是，其中一株很明显蔫了，小脑袋有气无力地耷拉着。我猜，这一株肯定是活不成了。要在以往，我肯定将其拔下，重新剪一段换上。只是今年特殊——母体在老家那边，这里都是新枝，无法替换，那就别拔了吧，任其枯死在花盆里，化作春泥更护花吧。

接下来的日子，我每天早晨为这几盆绿萝喷点水，看到盆里的土干得不行了，就痛快地浇上一次水！

十多天后，那株早就将死的小绿萝竟然还绿绿地站在花盆里，叶片比前些日子好像更多了一点生气。我心中一喜，难道，它没死？

死与不死，我都不会去动它。家里的绿萝不少了，多它一棵不多；少它一棵不少，所以，这棵绿萝的生死对我来说就无所谓了。

日子照旧一天天地过，两个多星期后，新栽活的小绿萝都长出了嫩叶。整个阳台上生机盎然。再看那株曾气息奄奄的小绿萝，它竟然站直了身子，叶片努力地向外伸展着——它起死回生啦！

我对它不管不问，甚至做好了让它“化作春泥更护花”的心理准备，然而，它却以自己的生命节奏旁若无人地生存了下来，而今又焕发了勃勃生机！

忽然间我心中一惊——如果我管它顾它呢？它还能像现在这样活得这么健康吗？甚至它还能活下来吗？

这株绿萝的成长，让我想到了我的学生阿哲。阿哲是去年转来的学生。刚转来时，那成绩真是惨不忍睹啊——十几分！这样的成绩，像极了那棵奄奄一息的小绿萝。

成绩不好你好好学，知耻后勇，奋起直追也行啊，然而人家不。老师布置的作业他一次都不写！没办法，只好天天逼着他补作业。于是，我们的教室里，就多了这样一道风景线：阿哲愁眉苦脸地补作业，我在一旁义愤填膺地盯着他，我们师徒俩谁也别想清净了！这样坚持了两周，我们再次迎来了单元测试。测试情况一出来，我彻底傻眼了——人家阿哲照样原地踏步，十几分！这还不是按扣分算的，是按得分算的！

完啦，我这两周的工作白做，阿哲天天作业白补！我对阿哲的教育方法宣告失败！

万般无奈，只好请阿哲的家长来，告诉他们，阿哲底子太薄，每天的作业对他来说确实是个不小的负担，跟着大家一起做的话，我感觉他就像是在空中垒高楼，垒一块，一松手，啪，掉一块，最终什么也得不到。不如这样，每天的作业他不必写了，让他按自己的进度走，天天读书写字。家长要做的就是督促他每天读写最少半个小时。必须要读的是课本，必须要写的是本册生字。在读好本册书写好本册生字的基础上，其他自由选择。

他的家长明白孩子的情况，一切按我的办法做。

就这样，阿哲成了我班最自由的人了。（不必担心其他孩子羡慕他，孩子们都很明白，只有在什么情况下才能得到这样的“优待”。）不过这里的自由只是家庭作业这一项上。班里的其他活动，他能跟上的都跟着。我们班演出搞笑版《白雪公主》时，他出演七个小矮人之一，演得还很不错呢！

就这样，阿哲以一个自由身过完了他转来后的第一个学期。期末测试，他的语文成绩五十四分。对于这个成绩，我不置可否。表扬吧，他确实进步了，但还是不及格，此时表扬他，我认为是对他智商的侮辱；批评更没理由，人家毕竟进步了嘛。所以，我认为最好的处理就是不理他。

第二学期还是这样过。期末测试，他终于过了及格线！不容易啊，拿到试卷看到成绩的那一刻，我分明看到阿哲同学使劲地挥舞了一下拳头！

我想，阿哲的进步，应该感谢我的“不负责任”。正是我这一学年来对他的“放任”，他才得以按自己的实际情况成长，没有被其他人拖着走。（每当看到电影里一匹马往前飞奔，后面拴着一个人，人的速度跟不上马，于是被拖倒在地，然后就这么一直残酷地拖下去时，我就想到了班里那些身居“下位”的学生。我一直认为，跟不上的同学也是被其他人拖着走的，不是肉体上的拖，而是精神上的拖。）在我的班里，阿哲没有被拖着走，他的智力成长是按部就班的，我想，这对他是最大的保护。

新松恨不高千尺。恨是没用的，急也没用。松有松的成长规律，人有人的成长节奏。有人早长——小学阶段个子就长足了；有人晚长——二十三还窜一窜呢！这种个人特质连他本人都左右不了，何况外人呢？所以，对于孩子的成长，作为老师也好，作为家长也罢，以一颗欣赏的心，看着就行了。快也欣赏，慢也欣赏。想想看，我们栽下一棵树，如果想让它长成参天大树，是不是得给它留够成长的空间？人也一样，想让孩子成长为栋梁之材，不留足时间和空间能成吗？非得把拔苗助长的寓言在现实生活中演练一番吗？

十年树木，百年树人。树人比树木要难得多，但有一点是相通的：关心有限度，负责有限度，该点到为止的，就不要干涉过多。留些时间和空间，让孩子在自己的成长空间里，练就一颗独立自主的心，长大后他才能独立面对生活中的风风雨雨。

健身房里的启示

那天去健身，感触颇深。

我健身，百分百的三天打鱼，两天晒网。平时工作那么忙，哪有时间去健身房啊。

所以，那天做瑜伽，老师说的动作口令，我是鸭子听打雷——一句也没听懂。于是，大家在老师的指导下把整套动作做完之后，我向老师提了个建议，希望老师能把动作分解开来，特别是那个“翘翘栏杆（音似）”，我一点都不知道它对应的是哪个动作，希望老师做下示范。

老师给我的回馈是：“做瑜伽是不能隔课的，错过一节课，你就跟不上了。所以，你要天天跟着上。学习流瑜伽是需要一年以上的瑜伽基础的，没有基础的话，学起来会很困难。你要是再隔上几节课，就更跟不上了……”

"我只是想让你给示范一下'翘翘栏杆'这个动作。"我很不好意思地打断了这位老师的滔滔不绝。说实话，她说的这些话，对我来说一点用都没有，我只是不会做那个动作，我只需要她给我示范一下那个动作，如此而已。

我打断了老师的话，确实很不礼貌，老师愣了一下，然后示范了一下我不会的那个动作。这一下就可以了，我会了！

我忽然想起了爷爷说的那番话："当老师要有爱心，有耐心。学生学不会就教，别嚷他。我曾经教过一个学生，叫XX，作业没做对，给她讲了一遍，让她回去改。结果没改对。我又给她讲了一遍，还没学会。我生气了，嫌她不认真听，嫌她笨，狠狠地批评了她一顿，把她熊哭了。我现在很后悔，我不该嚷（批评）她，该给她再讲一遍。嚷她没用，嚷也嚷不会，多讲几遍她肯定就会了。结果，我没再讲，光顾得嚷了，嚷哭了她，却没教会她。现在，我很想向她道个歉，可是不知道她现在在哪里。"

之所以想起爷爷的这番话，是因为我在瑜伽馆里遇到的这一幕是对爷爷的话的很好注解。

是的，学生不会就教，对一个没学会的学生进行说教，要么引起学生的反感，要么增加学生的自卑心理，这两种情感对于解决孩子当前的问题一点作用都没有。有用的就一条：不会就教。

就像我学瑜伽，我只希望老师教教我那个动作，我只想学会那个动作，至于“学瑜伽需要基础，学瑜伽不能隔课”之类的，于我，没有丝毫作用。老师的说教，于学生，估计也没有多大作用。即使是学生上课走神，这个时候也没有必要对他进行说教，哪个学生不知道上课走神是不对的？他不认真听课，没学会，估计此时他的内心会存在着愧疚之情，这个时候老师如果能不动声色，耐心地给孩子讲解，孩子看到老师那被粉笔腐蚀得粗糙的手指，看着老师眼角细细的鱼尾纹，或是看着老师黑发间夹着的根根白发，说不定心灵被触动，内疚与自责之情油然而生，从此端正态度，认真听课了呢，也就是学生启动了自我教育。

如果此时老师对学生进行说教呢？

有位教育家说过：当学生意识到你是在教育他的时候，教育已经失败一半了。如果教育者的语言表达方式再出现瑕疵，教育就彻底失败了。注定要失败的教育跟孩子的自我教育比起来，你要哪个？

如果是孩子上课认真听了也没学会，那就更没有必要说教了——别人听一遍就学会了，而他却没学会，这个孩子肯定会有点自卑。顶着自卑的压力来吃老师的

“回锅肉”，本来就心惊胆战了。如果此时说教或批评，难不成是想往孩子自卑的心灵上再撒把盐？看到孩子不会，老师能做的是什么？只有一件事可做：用孩子能听懂的方法给孩子再讲一遍。

理儿是这么个理儿，但估计每一位老师都有过因学生没学会而批评学生的行为。什么原因呢？管不住自己的情绪。

讲一遍学生没学会，老师可能会心平气和地再讲一遍，讲两遍还没学会呢？老师毕竟都是有涵养的，估计会再讲一遍。讲三遍还没学会呢？常言说事不过三，三遍都没学会，老师的小心脏大概就受不了了，玻璃心可能会碎一地，情绪刹那间失控——

“我讲得口吐白沫，讲得嘴皮子磨破，你怎么就听不明白？脑袋里装的是什么？糨糊吗？”

当老师的，对这话句应该都不陌生吧，即使没说过原话，大概意思应该都说过吧？心平气和时再想想这句话，说了之后有什么用呢？第一，伤了孩子的心；第二，透露出自己的无能——对如何教会这个学生自己是乏术的；第三，自己在学生心中的美好形象塌了半截，最少是半截，弄不好就落个人设坍塌。

冲动是魔鬼。这魔鬼常常解决不了问题，反而把问题变得更复杂，又或者，连解决方案也一并毁掉了。

学会管理自己的情绪，用足够的耐心与爱心去教孩子。孩子不会，那就再教。

谨记爷爷的教导。

教师的智慧源泉：换位思考

“我们的老师好可怜啊！”

这句话是好朋友的儿子阿凡说的。那年，阿凡正读初中三年级。那天他回家后对他妈妈说：“妈，我们老师好可怜啊。”听得他妈惊讶不已，忙问缘由，他说：“老师经常在班里大发雷霆，气得那可真叫狠，额头上青筋条条暴起，把桌子拍得震天响，语速比平时快了许多，语调高得都走了样。妈，你说他干吗那么大的气性啊？”孩子一脸茫然地问。朋友说：“你们肯定做了让老师生气的事了。”“没有啊？下了课我问了好几个同学，他们也都不知道老师为什么发那么大的脾气。妈，你不知道，老师发脾气时有多可怜！我觉得他很孤独，很无助，我很同情他。”这是孩子的真心话，孩子说这话时真的是满怀着对老师的同情的。朋友把这些情况说给我听时，我听出了她话中缓缓飘出的无奈与伤感——

我们都是教师，我们在替老师感到难过。

难过的同时我在想，我们可否试着反思一下：为什么我们的孩子看到老师发脾气不去反思自己的过错，不去思考今后如何才能做得更好，反倒认为老师可怜并且对老师充满了深深的同情呢？事实是——他们想象不出什么样惊天动地的大事才会让老师发这么大的脾气。

确实，学校发生的事情充其量不过是些“鹅毛”大的事情，老师犯不着发这么大的脾气。特别是犯错误的不会是全班学生，老师面对全班同学发脾气其结果只能是自损形象。

想想也是的，什么样的事情不能静下心来想一个两全其美的解决之道呢？非得雷霆震怒，咆哮一通吗？咆哮一通又能怎么样呢？除了让学生无比同情地望着你，还能有其他什么收效吗？没有！如果说还有的话，也只有把自己的胃肠气出毛病来，然后跑到医院抱一大包药回来。能够悟出这个理来以后，估计就没有谁再发脾气了。

不发脾气可以，不想办法不可以。

我们的学生确实调皮，特别是初中的学生，正处于青春叛逆期，有时可能会想着法子跟老师对着干。我们的学生接受能力确实不一样，有的一点就透，有的再点也不透。但是，学生的这些不如老师意的地方老师靠发脾气又能解决多少呢？一样也解决不了！孩子的青春叛逆期不是靠老师发脾气就可以一阵风似的过去的；孩子的接受能力也不是靠老师的一通脾气就可以一夜之间提高的。那怎么办呢？

想办法！

先学会换位思考，站在孩子的角度去想一想，如果我们处在孩子的位置，正值他们的年龄，我们会做些什么？会想些什么？面对来自不了解我们的人对于我们的指责，我们会做何反应？再说了，每一位老师都是从这一阶段过来的，想想自己当年是怎样想怎样做的呢？自己的那个时候正是学生的现在啊！我们的曾经正是我们换位思考的基础。

记得我在上初中的时候，有一次作业忘做了，第二天老师收作业，我没有。情急之下我只有撒谎："对不起，老师，我的作业忘带了。"老师看了我一眼，淡淡地说了一句："下午带来。"我如同得到特赦的罪犯一样，赶紧挤时间把作业补上，下午老老实实地把作业送到了老师的办公室。从那以后，我再也没犯过"忘带"作业的错。

当时的我以为老师真的相信了我的话，现在才明白，那是老师在给我机会。所以，当我面对我的学生"忘带"作业时，我是不再生气的，我会联系自己的曾经，从孩子的角度去想他没完成作业的原因，然后寻求解决之道。这样就很好地避免了师生之间的冲突与对抗。

所以，只要我们在处理学生问题前都能先这样做一番换位思考，估计都能找到一条相对合理的解决途径，将问题解决于无痕之中。这样，当孩子在多年以后想起这件事，他如果有感慨，也一定是对老师教育有方的一种感慨，绝不会是对老师深深的同情。

发脾气解决不了问题，学会换位思考才是硬道理！

学会换位思考，我们将会有取之不尽的教育智慧！

如何换位思考？我总结了以下四条，抛块砖，希望能引来大家的玉：

①盛怒之下不处理；②聊天转移注意力；③侧面了解探根底；④换位思考出妙计。

被喂的孩子长不胖

放学路上，遇到了初中时的老同学。他的孩子刚上小学一年级，就在我们学校里。之前知道这个情况，我还特意到孩子所在的班向她的班主任了解孩子的在校表现呢。

老同学见到我，把车停在了路边，向我询问孩子的在校情况。我把自己了解到的情况跟他“汇报”了一番，并半开玩笑半认真地问了句：“你们家的经济情况那么好，咋把孩子给养得那么瘦弱呢？”同学听了后很无奈地说：“唉，孩子不吃饭！怎么喂都喂不到嘴里，每天吃饭时我们家跟打仗似的：孩子在前边跑，老人端着碗在后边追，有时，追上了能喂一口，有时，追上也白搭，人家不张嘴！你说说，她不吃饭怎么可能长胖呢？”

同学的这番话引起了我的思考，都说三句话不离本行，我思考的内容当然离不开教育。孩子不吃饭，家长硬喂，这违背了孩子的意志，也违背了孩子的正常消化程序：孩子为什么不吃呢？因为她不饿。为什么不饿？因为她先前吃到肚子里的东西还没消化掉。为什么还没消化掉？可能是因为先前吃得太多，也可能是因为消化系统出了毛病。无论是哪种原因造成了孩子不吃饭，家长都不能一厢情愿地喂给孩子吃。不喂的话，孩子依靠自身的调节能力，慢慢地会把吃进去的食物消化掉，然后出现饥饿感，再然后就是孩子主动进食。如果家长硬喂的话，结果只有一个——破坏了孩子的消化系统。消化系统一旦受损，孩子当然就不再对食物感兴趣了。孩子不吃，家长硬喂，越喂孩子的消化系统受到的损伤就越大，孩子就越不想吃饭，于是就形成了一种“不吃——硬喂——越发不吃——坚持硬喂”的恶性循环，而这种恶性循环的直接结果就是——孩子的身体瘦弱不堪。

把这种情况放在教学上也一样。孩子不学，家长和老师不清楚孩子不学的原因，也不想去弄明白孩子不学的原因，只是一味地批评教育加补课，这实际上就是逼迫。结果越逼迫孩子就越不学，孩子越不学，家长和老师就越逼迫，于是形成了“不学——硬逼着学——更不学（厌学）”的怪圈。小学时候孩子年龄小，你逼迫他，他没有能力反抗，于是就硬着头皮学习（有些孩子学到了泪流满面的程度）；到了初中高中阶段，他长大了，有能力反抗了，你再逼迫他？恐怕是心有余而力不足啦，此时，我们只能无奈地笑笑：“呵呵，儿大不由爷啊！”火车不是推的，学习不是逼的。孩子不学，要先弄清楚孩子为什么不学，然后对症下药，兴许效果会好很多。

孩子不吃要治胃，孩子不学要治心，解决问题要先找到问题产生的根源，不要只把目光停留在表面现象上，头痛医头，脚疼医脚。事实告诉我们——被喂的孩子长不胖，我们，要找准病因，对症下药，让学生主动去“吃”。

长寿花开花的秘密

妹妹家有盆长寿花，枝繁花密，长势喜人。妹妹说，这种花特别容易养活，折下一枝来，随便往盆里一插，过几天这个新插入泥土中的枝条就会长出根来，成长为一棵独立的长寿花。边说边指着旁边小盆里的长寿花说："这都是我插活的。"

看着一脸羡慕的我，妹妹二话不说，把那盆开得正盛的长寿花送到了我的家里。妹妹告诉我，这花是名副其实的长寿花——一朵花败了，又长出一朵；一嘟噜花败了，又长出一嘟噜，花期长的不得了。

为了随时可以看到这长寿花，我没有把花放在阳台上，而是养在了客厅里。

过了一段时间，花逐渐凋谢，叶也不再支棱，整盆花看上去特别萎靡不振。小心翼翼查看了一下，才发现根沤断了！

这可怎么是好！

从网上查询得知，把长寿花的枝条剪下来，插在水里养，等长出根来，再移栽到盆里去，就可以把它救活了。

我乖乖照做，果然，一棵大的长寿花让我养成了好几棵新苗。新苗长势很好，如今，有一棵新苗长得像棵小树苗似的了，茎约有大拇指一样粗，叶片特别厚实，又大又肥美，我要不说这是长寿花，妹妹压根认不出它来了！

然而，两年过去了，这么长势喜人的长寿花，连一个花骨朵都没长！

我搜遍了网络，用尽了方法，都没能让它开出一朵花来。

思来想去，最后认定是水土不服的问题。我把长寿花又搬回了六楼的阳台上。（妹妹送我长寿花时就住在六楼，现在已经搬走了。）

大约过了两个星期，奇迹出现了——长寿花拱出了一嘟噜一嘟噜的花骨朵儿！

什么原因呢？

六楼的阳台是落地大玻璃窗，即使是在寒冷的冬季，从上午九点到下午五点左右，阳光可以一直光顾阳台，光照时长约八个小时；而我家，阳台上有一堵一米二高的墙，足以挡住照到阳台上的阳光。光照时长不够，我的长寿花自然不开花！

由此，我想到了我们的教育，想到了小学生。孩子的整个小学阶段，大概相当于长寿花开花需要的光照时长。时长是小学六年（孩子到了初中，就要面临中考了，也就是到了“开花”的时候了，孩子在初中开不开花，开多少花，取决于他小学的光照强度）；光，就是孩子学到的知识。光的强弱，就相当于孩子获取知识的多少。孩子在这段时间里获取的知识越多，也就是得到的光照强度越大，将来，他开出的花就越多，越美。

这里必须要明确的是：获取知识与刷题是两个完全不同的概念。

刷题，是对课本（教材）知识的查缺补漏及巩固。但是，孩子到了学校，要学习的绝对不仅仅是课本！课本，只是引导孩子走进知识大门的工具而已。老师要做的，是借助教材（课本），引领孩子走进科学的世界、文学的殿堂，让孩子畅游知识的海洋，吮吸知识的甘露。吮吸的甘露越多，就相当于得到的光照强度越大，积聚的能量就越多，将来开出的花朵就越灿烂。

既然刷题针对的是教材本身，而教材只是引导孩子获取知识的工具而已，那么，小学阶段，就要坚决杜绝刷题，把刷题的时间腾出来，让孩子广泛阅读，让阅读之光照亮孩子的童年。阅读的光照时长与强度都达到了，孩子自然会像得到足够光照时长的长寿花那样，开出一嘟噜一嘟噜的花来。

放开手，让学生自己走

与刚高考完的丹丹聊天，很自然聊到了学习，她说："上了这么多年的学，发现小学、初中、高中没什么两样。"听她这么一说，我深感意外，忙问其故。

她说："老师们让学生做的作业都是一个类型的——不断地重复重复再重复。一张张的试卷雪片般飞下来，落到学生手里，试卷上的题目类型大同小异，每一张试卷都是用来做的，做不完是不行的，即使那上面的题我们已经做了很多遍，即使那些题我们都会做，也必须一道道认认真真地写下来。会的题一道道写下来了，不会的题也没时间思考了。于是，在做了很多张试卷后，会的题依旧会，不会的题照样不会。唉！"孩子的话里满是无奈与不满，却听不出抗议的感觉。

我微笑着反问了一句："为什么不找老师去交流一下，卷子上会的题不做了，不会的题多找些相同类型的反复练习？”

“那不行，老师说了，会的题也一定要做，多做一遍多巩固一遍。”

“不会的呢？”

“听老师讲评。同学之间也相互问。有时候我有不会的题问同学，同学会惊讶地说‘这么白痴的题你也不会呀！’然后一步步讲给我听。很快我就豁然开朗了。同学不会的题也会来问我，我也感到那题挺“白痴”的，用我的方法讲给他听，他也很快就理解了。说实话，虽然老师讲得很好，很清楚，可我还是听不明白，倒不如听同学讲接受得更快些。可惜老师留给我们自主学习的时间太少了。”

这番话听下来，我真的有点汗颜，有点难过，为所有的老师们难过。我们自认为课备得很好，重点难点把握得很准，教学方法设计得很精妙，可实际上呢？

“说实话，虽然老师讲得很好，很清楚，可我还是听不明白，倒不如听同学讲接受得更快些。”孩子说这句话时不带任何情绪，很轻松，很随意，没有褒贬老师的故意，纯粹是表达自己内心的真实感受，可我听后却似重锤敲击一般，震惊又羞惭。

告别了这个孩子，我想了很多。首先想到了一所著名的书院——白鹿洞书院。这所书院里名师济济，要是他们开讲，不难想象会是多么精彩。然而他们并不轻易开讲，在这里学习的学子大部分时间是自学，老师个别辅导。基本上老师一个月开讲一次，然后测试一下学生的学习情况，学子们再根据自己的学情去学去问去思去想。

正是用这样的教授方法，名师才出了高徒，名师与高徒才成就了这所千年书院。

我想到了孩子成长的历程：当孩子开始蹒跚学步时，成年人不离左右，生怕孩子摔着碰着，可孩子却总是试图摆脱我们的手；当孩子已经学会走路，他们最反感的就是成年人牵着他们的手限制了他们的自由。正是有了孩子一次又一次努力摆脱成年人的控制，我们的孩子才得以一天天成长起来。（当然，也有主动放手去锻炼孩子的父母，他们是我们学习的榜样。）

我想到了我们的新课程标准里提到的“自主、合作、探究式学习”。联系到丹丹刚才的一番话，蓦然发现，这正是孩子们所渴求的一种学习方式。

说实话，孩子们的渴求与老师的牢骚其实是高度吻合的。

我经常听到老师们发这样的牢骚：“这道题讲了N遍了，你们怎么就是记不住呢？脑子灌水了吗？学不会我再讲一遍，看看到底教多少遍才能教会你们！”

作为一线老师，我很明白老师们这句话里的“你们”指的是哪些人，肯定不是全班学生，只是班里一部分学生而已，这一部分，估计连三分之一都不到。老师再讲一遍，其实就是讲给这三分之一都不到的学生听，对于班里那三分之二还多些的学生，听老师再讲一遍的价值就不大了，甚至是没有价值了，也就是说，老师“再讲”这一遍，对于那三分之二的学生来说，其实是在做无用功。

作为老师，面对这种情况该怎么办？总不能放弃那三分之一没学会的学生吧！当然不能放弃！不放弃这些学生，并不等于要浪费那三分之二学生的时间！在班级授课制的情况下，老师怎么顾全大局？这时候，“自主、合作、探究”的学习方式就派上用场了——让已经学会的学生想一想，如何为这些还在迷茫中的学生拨云见日！这个过程，对于已经学会的学生来说，绝对是一次提升的机会——自己学会只是一种简单的接受式学习，教会别人既要内化吸收，还要输出表达：教会别人是要求学生要把自己的思维过程梳理清楚，并用精准的语言、恰当的方式表达出来，这个过程不仅促使孩子更清楚地知其然，也知其所以然。而且还培养了孩子的语言表达能力，与人沟通能力，更重要的是孩子们关爱他人的情感也在这一过程中得以加强，这也在一定程度上规避了优秀学生成为“精致的利己主义者”的可能，一举多得的事情，老师们何乐而不为呢？

最关键的一条是：课堂交给了学生，老师就可以省省心，不必再口干舌燥，喋喋不休！

学生最期待的恰恰是同学之间交流沟通，互通有无的自主学习时间！

给学生以自主学习的时间，省了老师的心，顺了学生的意，还提高了孩子们的学习效率，老师为什么不倾听学生的心声，顺应学生的需求，放开手让学生自己走呢？

看看古代著名书院的授课方式，听听孩子的心声，想想新课标的要求，亲爱的老师们，让我们得放手时且放手，多给孩子一些自主学习时间，让学生自己走吧。

也谈教育留痕

妇女节，给妈妈洗脚、拍照、留资料。

这是学校德育处在妇女节到来之际给学生布置的一项作业。这项作业也是近几年来学校过妇女节时的保留节目。给妈妈洗脚是对孩子进行孝心教育，拍照且把照片发送到学校指定的邮箱是为了留下学校所做的德育工作的痕迹，以便迎接上级的检查。

德育工作确实是一项长期而艰巨的任务，难度很大。最难的地方在于：不把德育工作搞成轰轰烈烈的形象工程，就很难留下可观的德育工作资料供上级检查；而一旦把德育工作搞得轰轰烈烈，德育工作的效果就将大打折扣，这实在是一种两难的选择。就比如妇女节的洗脚案例。

我想，给妈妈洗脚的“创意”首先应来自中央电视台的一则公益广告。广告的内容大家一定还记得：为了让老人更容易入睡，儿媳妇在老人睡前给老人送去洗脚水，为老人洗去一天的疲劳，老人则慈爱地抚摸着儿媳妇的头。这是一幅很温馨的画面：母慈儿孝敬！老人的孙子看到了这一幕，受到了启发，于是很吃力地端来一盆水，学着妈妈给奶奶洗脚的样子给自己的妈妈洗脚。广告的目的很明显：教育不是靠语言去讲授，而是靠行动去影响。教育孩子要孝敬老人是这样，其他的一切教育活动也应该是这样。

结果当广大教育工作者看到这样一则广告后，全都学会了这样一种单一的教育方式去教育学生要孝顺，把广告创意中更深层的“教育是一种影响”的理念给抛到了一边。

真的无法想象：孝敬长辈怎么能够简化成了“洗脚”这一种形式呢？

是德育教育乏术的结果，还是被形式主义的大潮所裹挟的结果？是不是只有这种方式才最容易“留痕”？才能最形象生动地向教育主管部门表明我们进行了孝心教育？显然，为迎接上级检查而留痕是违背教育初心的。

那么，德育应该如何去做？

第一，德育应渗透于每日的生活中。

陶行知先生给孩子们做过每日四问的演讲，告诉孩子们每天都要问一问：自己的健康有没有进步；自己的学问有没有进步；自己担任的工作有没有进步；自己的道德有没有进步。是啊，道德的提升是日积月累的结果，不是突击一下就能提高的。换句话说，德育，不能以作业的方式进行。借节日以搞活动的方式进行道德教育更会给孩子一种作秀之感。此种方式的道德教育，失败也就在所难免了。

真正的德育应该贯穿于孩子们生活的每一天。就像伟大领袖毛主席说的那样：“一个人做一件好事并不难，难的是一辈子做好事，不做坏事。”也就是说，好的道德品质贵在坚持，贵在坚守。如何对学生进行品德教育呢？我认为，作为老师，可以每天或是每周定下一个固定的时间，比如周一班会时间，到时候大家都相互说一说自己这一天或是这一周做过的对他人有好处的事情。这样，大家都会在这种好人好事的环境熏染下，不由自主地加入做好事的大军中来。于是乎，道德的自我教育就成了一种生活的自觉。

第二，德育应该从真实的生活细节入手。

百善孝为先，我们先说孝道教育。孝道教育如何从生活细节入手呢？这可以从《弟子规》的《入则孝》篇里找答案。

《弟子规》里要求孩子：“父母呼，应勿缓；父母命，应勿懒。”这一简单要求，我们的孩子是否都能做到？大概不能吧，特别是处于青春叛逆期的孩子，或者是父母特别溺爱的孩子。对父母长辈爱答不理，这是不是一种无礼？“出必告，反必面”，这点小小的要求是不是每家孩子都能做到？去哪里跟家长说一声，回到家跟家长打声招呼，这难吗？不难！但，肯定有许多人做不到。这不是孩子不做，而是我们教育没跟上。“出必告，反必面。”不仅是孝，如果大家都能做到这一点，一家人的关系会忽然之间改善许多。你想想：“妈，晚上我跟同学聚餐，大约九点回家。你自己在家也要做点好吃的哈。”“妈，我回来啦！”这看似平淡无奇的话语，其实具有极强的情感穿透力，它像阳光，把温暖送到人的心底，它像清泉，汩汩流进人的心田，浇灌着一棵叫“亲情”的大树茁壮成长。

德育，就是这么细，细到出门归家时的一句话。这才是每天真实发生的道德教育，这不比妇女节给妈妈洗脚之类的德育活动要有用得多？只是，这些随时随地发生的教育，无法做成总结材料，及时“留痕”。然而，这些教育的痕迹，注定会留存在孩子的生命里。毋庸置疑，这种“留痕”，才是实实在在的教育留痕！

当然，做一个孝顺的好孩子方法很多，比如为父母捶捶背、讲个开心的笑话逗长辈一乐、帮妈妈择择菜等，总之让学生明白：能让长辈因为有你这样的孩子而感到幸福，你就做到了孝顺。而且诸如此类的一些做法一定得有一个相应的环境。孩子在这样的环境中耳濡目染，你想不让他孝顺都难；如果家中的其他人都不孝顺，天天对长辈呵来斥去，这家的孩子即便完成了老师的作业，被迫给妈妈洗了一次脚，其教育效果又会怎样呢？可想而知。

曾经读过一则类似的故事，说这家儿子媳妇都不孝敬老人，他们在餐桌上吃饭，老人在一个破烂的小矮屋里用一个烂得都快没法用的破碗吃残羹剩饭。当老人过世后，这儿子媳妇要把老人用的破碗扔掉，老人的孙子不让扔，说是等他们俩老了以后再用这个碗给他们盛饭吃。

这个故事和那则公益广告的创作初衷其实是一样的，那就是环境对人的影响力是巨大的，成年人要给未成年人营造一个健康的成长环境，良好道德品质的形成，既需要成年人营造氛围，也需要成年人言传身教。

但绝不是以布置作业的方式让孩子在某个特定的节日里都去给父母洗脚。

如何让德育工作不再流于“妇女节，给妈妈洗脚”一类的形式？如何在教育工作中“留痕”，这个教育的“痕迹”要留在哪里？这是我们每一个从事教育工作的人都应该思考的问题。

做正确的事情

请您回答："用正确的方法做事情和做正确的事情，哪个重要？"

面对这样的选择题，我会毫不犹豫地选择后者——做正确的事情！

原因很简单：如果事情本身是不正确的，那么，方法越正确，错得越离谱。这跟南辕北辙是一个道理。

每一个当老师的，都应该细细思量这道选择题——一旦我们所做的事情有问题，那么，我们的研究越深入，我们离育人的目标就越远。

有人说，我们正在拿过去的知识教现在的学生去适应未来的生活。这话不仅语法上没毛病，内容上也没毛病。是的，知识是具有滞后性的。当然，具有滞后性的知识需要学，而且必须学，这叫传承。但是，学习过去的知识，并不是把孩子当成装知识的罐子，当成书架子，而是希望孩子掌握了过去的知识，然后继往开来，而且重在“开来”！也就是说，教孩子学知识绝不是我们的终极目标，我们的目标，是培养具有开拓进取精神的国家的建设者和接班人！

然而真实的情况是什么呢？我们正在不遗余力地用正确的方法做着将教育简化为教学，将教学简化为分数的事情。为了在考试中获胜，孩子们纷纷走进了校外学科培训机构。这就是所谓的“剧场效应”，你站起来了，我也要站起来。你去校外培训了，我也要去培训。培训的结果自然是孩子文化科成绩的提升。“提高一分，干掉千人”的高考标语让我们的高考充满了血腥味儿。透过这渗透着过度竞争含义的字眼，我们能感受到教育中的“唯分数”“唯考试”之风的劲猛。实话实说，以上种种，确实是提高成绩的“正确的方法”。

然而，我们用的那些所谓“正确的方法”做的是不是正确的事情呢？

众所周知，在这场教育竞赛中，学生、家长、老师都身心俱疲，苦不堪言，特别是学生，睡眠时间严重不足，休息时间被强行剥夺，孩子体能与视力水平大幅度下降……

毋庸置疑，我们的教育不是为了培养“提高一分，干掉千人”的精致的利己主义者，而是为了培养拥有健全人格的德智体美劳全面发展的人。

基于此，国家加大了教育改革的步伐，教育部开展了清理“唯论文、唯帽子、唯职称、唯学历、唯奖项”专项行动，把立德树人作为教育的首要任务。各地也纷纷出台政策，或不再审批新的面向学龄前儿童及义务教育阶段学生的校外培训机构，或全部关停义务教育阶段文化课类的培训机构。

教育，终于回归到“做正确的事”的轨道上来！那么，具体到每一位老师身上，我们要做的正确的事情是什么呢？

第一，提高自身的专业水平，让“学高为师”四个字与自身水平名实相符。

第二，铭记陶行知先生的名言：千教万教，教人求真；千学万学，学做真人。科技，可以造福人类，也可以毁灭人类。掌握高科技的人如果是品德高尚的人，那么科技肯定会造福人类。我们现在所享受的不正是科技带给我们的幸福吗？反之呢？如果先进科技掌握在希特勒那样的人手里呢？恐怕，科技带给人类的只有灭顶之灾了！所以说，教育，最重要不是教书，而是育人！培养学生做一名有正义感的人，做正直善良的人，做胸怀天下苍生的人，做践行24字核心价值观的人。像北宋张载说的那样：我们要培养学生“为天地立心，为生民立命，为往圣继绝学，为万世开太平。”如果我们的孩子都能有这样的人生格局，那么，他将来有本事的话，就会为天下苍生谋幸福，而不会研制那种能够秒杀半城之人的小小机器人杀手，也不会用自己所掌握的生物技术去残害无辜！如果没本事的话，他至少可以独善其身，做一个普普通通的好人。

第三，做正确的事情，就是承认差距，懂得因材施教，静待花开。无论这位学生接受新知识有多慢，成绩有多不堪，作为老师的我们一定要明白，天地之灵气，日月之精华一样在浸润着他，这孩子一定在一天天成长着，只是他的成长速度稍慢而已。教育，不是拔苗助长，教育，是给予孩子适宜的阳光、温度和水分，让他自己成长。

第四，做正确的事，就是教会孩子思考。未来的较量，是思维的较量。我们可以不传授给孩子知识（知识获取的渠道有很多），但我们一定要教育孩子学会思考。只有这样，在未来思维的较量中，他们才能与别人不相上下，难分伯仲，甚至于略占上风。孩子只有学会了思考，才能最终将知识转化为能力，“冶炼出”智慧。

总而言之，无论是老师还是从事其他行业的人，我们首先要弄明白什么是正确的事，然后，竭尽全力，做好正确的事！

投石冲开水底天

相传，“投石冲开水底天”这句话是秦观在新婚之夜给妻子苏小妹对出的一个下联，这个下联还是在他的大舅哥苏东坡的提示下对出来的呢。他妻子给出的上联是：闭门推出窗前月，命他对出下联方可入洞房，否则免进。秦观思索良久也没能对上下联，很是沮丧。他的大舅哥不忍让他新婚之夜被新娘关在门外，决定帮他一把，于是拣起一块石头投进了水中。石头入水溅起了水花，秦观见此情景，恍然大悟，当然下联就脱口而出了：投石冲开水底天。此联一出，苏小妹很是惊喜，赶紧给丈夫打开了房门。

之所以想起这则对联，缘于一次我当学生的经历。

那次的业务教研，我们研究的是《我和祖父的园子》。

下午两点半，我们教研小组的全体成员来到教研活动室开始了我们的模拟讲课。主讲老师上台，我们小组的其他成员当小学生，模拟课堂教学。

我们这些学生当得挺合格的，老师提出的问题我们都积格举手回答。

当她提到“谎花是什么意思”时，小组中的其他成员都不举手了。于是我就举起手来救场。

“花谢以后不能结出果子的那种花就是谎花。”

“你预习得真好！”

老师这样对我这个“学生”进行了表扬，然后匆匆进入到下一个环节。她的表扬证明我的回答是正确的，但她表扬的内容跟我的实际情况是不相符的。

其实，我知道什么是“谎花”跟预习一点关系也没有。我想，即使是真正的小学五年级的学生，也未必都是“预习得好”才知道“谎花”是什么意思的，知道该词意思的渠道可能很多。我当时想，如果这个老师再追问一下“你是怎么知道的？”该有多好！这个问题就是冲开水底天的那块石头，会让很多人看到另外一番景象。如果老师能追问一句“你是怎么知道的”，我就会回她以下这番话：

第一，我是从字面上猜的。

这个“谎”字是“不诚实、骗人”的意思，我们常说开花结果，花谢以后正常情况下是要结果的。“谎花”

应该就是说这花不诚实、骗人，也就是说这花不会像其他花那样，谢了以后能结出果实来。所以我想，谎花应该就是只开花不结果的一种花。

第二，我有生活经验。

我们家里有个小院，老妈每年都沿墙根埋几粒京瓜子。当看到一朵朵的京瓜花点缀在绿叶间时，我总是特别激动。但妈妈却走近了细细地瞧，然后把其中的一些摘下来。摘了花不就等于毁了瓜吗？见我不明白，妈妈就告诉我，她摘掉的花是谎花，不结果的。

老师的一句“你是怎么知道的？”连着标点符号才八个字，但这八个字换来了一番怎样的回答啊！这番回答会让其他同学收获什么呢？学生听课，绝不仅仅是听老师讲，听同学们分享他们的想法也是很重要的一项学习活动，你说话的时候是学不会任何东西的，因为自己这点事自己知道。学东西一定是在听、读、看、做中进行的。

接下来我们一起来盘点其他同学的收获：其一，生活经验对于我们学习语文很有帮助，因此我们平时要注意观察生活，不明白的要多问几个为什么；其二，有些词语看上去很陌生，但仔细看看组成词语的每一个字，我们就可能会发现破译词语意思的密码，就像“谎花”一词一样。

如果老师多问一句，同学们不仅理解了“谎花”一词的意思，还意外收获了两个特别重要的理解词语的方法，同时也让“我”在同学面前显摆了一下，让我对学习语文的兴趣更浓了。老师多问一句，多说了八个字，却达到了一石三鸟效果，真是赚大发了。

其实，多问一句，引出学生“投石冲开水底天”的精彩来，不仅仅是在课堂上，生活中也一样，我曾听过这样一个故事：

一个记者问一个小孩子：“如果你是飞机驾驶员，你的飞机飞到太平洋上空时，燃料用完了，你会怎么办呢？”小孩说：“我会让所有乘客都系好安全带，我挂上我的降落伞跳出去。”听到这句话，作为成年人，我们的第一反应是什么——这孩子是要弃机而逃啊！

这个记者微笑着追问了一句：“你为什么这样做啊？”

“我去拿燃料，回来救飞机上的人啊！”

这种反转是不是很令人震惊？追问一句，问出了一个具有强烈责任心的未来机长。追问下去的这句话，就是一枚投进孩子心海的小石子，冲开了孩子心底的“蓝天”。

所以，无论是课堂上，学生给出正确答案时，还是平时的生活中，孩子的话让我们错愕时，我们都不妨像苏东坡那样，及时拣起一块“小石头”，多问一句，引出孩子更多的精彩来。

等待奇迹

读过《基督山伯爵》的人都应该对“希望、等待”这四个字印象颇深。“希望、等待”是基督山伯爵送给摩莱尔的临别赠言，我想，这四个字更应该送给所有的老师们和年轻的家长朋友们，因为，我们都应该充满希望地耐心等待我们孩子成长，有了这份希望和等待，再辅之以我们的积极介入，正面引导，孩子一定会还我们一个奇迹。

之所以强调希望和等待，是因为现阶段发生在孩子身上的比赛太多了，我一直认为，比赛会干扰孩子正常的成长。后来，听了逻辑思维里的一段话，我的这一想法就愈发强烈了。这段话的大体意思是这样的：

竞争不是儿童的任务。竞争只会让儿童的生命变得单一化。孩子的发育是不均衡的，发育早一些的孩子在竞争中一般处于优势，他的自控能力等各方面能力就会强一些。在与同龄人的比赛中，他就会总是赢。对赢的渴望会把他对学习的兴趣，一下子净化掉了；在竞争中处于劣势的孩子，因为总是不赢，他就天然的认为自己不行。认为自己是一个注定要失败的人。这种自我否定的标签会毁了孩子对未知的兴趣，浇灭了孩子积极上进的热情。赢，当然是很重要的目标，但如果它成为一个单一目标，对于孩子来说，就会成为一个巨大伤害甚至是摧残。

儿童阶段的主要任务是通过内部建构，把生命变丰满。然后他才可能在成人世界赢，或者说，成人之后，他才能继续保有学习的热情，才能始终积极进取。

我对这番话深以为然。

人生是一场马拉松，马拉松比赛的常识大家肯定都很熟悉：起步阶段领跑的，未必会全程领跑。起步阶段稳住步子，保存实力的，往往是最后的赢家。

但是，能淡定地保存实力的并不多，只要走上了赛场，就会“人在江湖，身不由己”，不由自主加快步伐，乱了自己的阵脚。

孩子的成长更是这样，一旦早早加入比赛，孩子的父母就会出现焦虑症状，就会忘却“希望+等待。”忘却“希望+等待”的直接后果，就是乱了孩子一生的节奏。

由此，我想到了全国政协委员、江苏省锡山高级中学唐江澎校长的一番话：好的教育应该是培养终生运动者、责任担当者、问题解决者和优雅生活者，给孩子们健全而优秀的人格，赢得未来的幸福，造福国家社会。

由此我想到了儿子五岁时的一件事情。

那年的三月三，我带儿子去放风筝。为了把风筝放得更高些，我买了两捆风筝线。前几天放风筝时，已经把两捆线接到了一起。

到了放风筝的广场，拿出风筝线一看，坏了，风筝线从线板上脱落下来，缠在一块了！怎么办呢？第一种选择，扔掉它，重新买。第二种方案：解开它！我选择了第二种，我想让儿子知道，只要耐着性子去做，什么困难都能解决。

我告诉儿子，我们一定能解开——这是希望；我不急，儿子自然也不急，孩子的情绪来自成年人的感染和影响——这是等待。等待不是无所事事，而是按部就班地做事。（我们不是跟别人比赛，当然可以按自己的节奏做事情。）

就这样，我们一点一点，抽丝剥茧，用了大概一个半小时的时间，终于解开了缠在一起的两捆风筝线！

儿子开心极了，趁着缓缓吹来的春风，将风筝高高放飞在蓝天上！我想，儿子这一天的开心，肯定比平时放飞风筝后的开心多了一层内涵——我把“希望+等待”的种子悄无声息地植入了儿子的心田。

由是我想到了曾听过的闫学老师的一节课。那节课闫学老师执教的《祖父的园子》。这是一节展示课，不是赛课。所以，老师和学生都上得很从容。

这一课中有一个段落以借景抒情的方式充分表达了作者在园子里的自由和快乐。为了达成这一教学目标，闫老师先引领学生充分感受并声情并茂地读出园子里景物的自由和快乐，然后问学生：“想想看，这园子里除了景和物是自由的外，你认为还有什么是自由的，你为什么这样认为？”问题抛出来后，学生们沉默了。在沉默中，时间“嘀嗒，嘀嗒”地流逝着。听课老师有些已沉不住气了，开始了窃窃私语。而闫老师依然满脸微笑地等待着。因为她知道，此时的学生们，大脑一定正在飞速运转着。因为她知道，她的淡定与沉稳，会给学生以有益的影响，让孩子能平心静气，深入学习和思考。终于，有学生举起了小手，闫老师并没有像一般老师那样，迫不及待地让举手的学生回答，而是又耐心地等了会儿，看到举手的同学越来越多了，闫老师这才找一名代表来回答。

该生说：“除了生活在这个园子里的景和物是自由

快乐的，还有生活在这里的萧红也是自由快乐的。因为她要是不快乐的话，她看到的景啊物啊就不会那么快乐了。她这样写是借这园子里植物和动物的自由和快乐表达她自己的自由和快乐。”

听到孩子这样回答，我的第一反应是惊讶，“接踵而来”的是佩服。这孩子太了不起了，竟然把萧红的用意理解得那么透彻，这简直是个奇迹！

显而易见，这奇迹来自闫老师的耐心地等待。

希望 + 等待 = 奇迹

不仅仅课堂上，自然界的一切都是这样。

杀鸡取卵，拔苗助长，都是在自绝后路，因为他们没有足够的耐心去等待。

十年树木，百年树人；积跬步而成千里，积小流而成江海，这都是因为有足够的耐心去等待。

希望看艳丽的花朵，必须有足够的耐心静待花开；希望听美妙的音乐，必须有足够的耐心等待操琴者刻苦练习；希望看到鹰击长空，必须有足够的耐心等待小鹰的成长……

没有等待，就没有奇迹。就像“助蛹破茧”的故事一样。

一只蛹费了九牛二虎之力终于将茧咬开了一个小孔，蛹的化蝶之旅开始了。那弱弱的身体，那薄薄的翼被硬硬的茧束缚着，蛹顽强地抗争着，它吃力地、一点一点地向外挤。

化蝶是一个浩大的工程，为了缩短这个工程的工期，一个小男孩将茧劈开，“救”出了“蝶”。遗憾的是，这只蝶注定永远飞不起来了。未经完整的化蝶过程，这只蝶的双翼无法展开！

如果男孩能耐心地等待，等待蝶以自己的方式慢慢破茧而出，就像等待鸡蛋从内部打破看到的是小鸡一样，那么，这个世界岂不又多出一份生机勃勃的美丽来？

心急喝不得热面汤，满怀希望，耐心等待，文火终会熬出一锅香喷喷的暖胃粥。只要不拔苗助长，秧苗终会奉献给我们一片成熟的金黄。如果孩子的世界里没有了竞争，成年人的心里就少了份急功近利，多了份淡定从容，那么只要满怀希望，智慧引导，婴儿终会成长为国家的栋梁！

这就是本书的主旨：育人，需要充满希望，智慧引导，耐心等待。

后记

“园艺”人生

看金乌东升西落，享受鲜活的生命在时光中旅行的快乐；赏园中花红叶翠，收获心灵的舒适与惬意。这是园艺人的生活，这是园艺人的幸福。我是幸福的，我有我的园艺人生。但耕耘的是心灵的沃土，收获的是精神的富足。

在教育这片百花园中，我已辛勤劳作了近三十个年头。每天披着一身霞光赶往学校，戴着满天星斗返回家中。邻居是不解的，总是疑惑地问：“你怎么那么忙呢？”丈夫是不满的，总气呼呼地说：“你怎么不住在学校里呢？”儿子则一直心疼地问：“妈妈，你不累吗？”

人非钢铁，孰能不累？但劳累换来的是心灵的安慰，对我来讲，这比什么都珍贵！

我的班级就是我的花园啊。花园里的每一株花都是与众不同的，要摸清他们的脾性，懂得他们的好恶；要为他们量体裁衣，配给合适的营养；要时刻关注他们的变化，及时调整育人的方针……这一桩桩一件件的事情见证着我的汗水，也记录着我的喜悦。

那次，为了寻求一个最佳授课方案，让我的学生们能在兴趣盎然中完成学习任务，我将教案进行了反复修改。为了不打断思路，为了一气呵成，我跟家人简单交代了一下情况就关了手机，然后就把自己关在了办公室里。当一切都成竹在胸时，夜，已经深了。

第二天的课堂上，一切都像我预设的那样，孩子们那一张张小脸因激动而发红，一只只小手因思有所得而高举，每一个孩子都在自己原有的基础上有了提高，每一朵小花都汲取到了自己成长的营养。看到这样的情景，一种源自心底的幸福缓缓漾到了脸上。

为了办好学校的校报《小荷报》，给有写作特长的孩子们提供一个展示自己的舞台，给全校所有的孩子们送去一份营养均衡的精神食粮，我在完成班级工作的同时，又和本校的刘洁老师挤时间加班加点，完成了一期又一期报纸的组稿、审稿、打字、排版、校对等所有工作。班级工作本来就烦琐，要在一周的工作日内挤时间再完成这些任务是根本不可能的，我们毅然放弃了周末的休息时间，放弃了与家人在一起运动与休闲的时间。

透支着自己的体力，愧对着自己的家人。一期期报纸出来了，看着孩子们手捧报纸贪婪阅读的样子，所有的劳累顷刻间烟消云散。

综合实践活动是我们学校的特色。为了让孩子们真正活动起来，在活动中有所体验，有所收获，我利用课余时间带着他们走访、寻找、搜集、整理，成功组织孩子们完成了《走进中国结》《中国龙》《环城公园上的桥》等多项活动，虽然每一次的活动都会耗费我的大量体力与精力，但孩子们在活动中陶冶了情操，积累了经验，得到了锻炼，这就足够了。作为老师，所求的不就是这些吗？孩子们的收获缓解了我的疲劳，也激发了我的热情。

真诚的付出总能收到真情的回报。

孩子们的每一点进步，孩子们的优异成绩，节假日来自孩子们的一声声问候，一次又一次感动着我，温暖着我。

那天，一个很平常的日子，与我分别已近一年的阿文和子晗又来到了我的办公室。她们的手里都拿着贺卡和小礼物。这不年不节的，拿贺卡做什么呢？正当我满腹疑惑时，她们俩已笑嘻嘻地来到了我面前，将贺卡和小礼物放到我手里，说："老师，我们就知道您肯定忙忘了今天是什么日子了。不过没关系，我们记着呢。祝您生日快乐！”

我赶紧看了一下台历，可不是，这天对别人来说可能很平常，对我来说很重要呀，然而我却忘记了，我的家人也忘了。是我的学生记住了我的生日！饮其流者怀其源，学其成时念吾师。有生如此，夫复何求！

对工作，我尽心尽力。对儿子，我真的问心有愧。

为了把作业尽快反馈给学生，我把作业带到家里批改，当儿子前来求助时，我还对他大声呵斥：“自个儿想去，没看到我正忙着吗？”为了办好报纸，我加班到万家灯火之时才回家。回到家，喝的是儿子为我熬好的小米粥。为了不耽误学生们学习，我将儿子一个人丢在医院里输液，液体快输完时，护士没能及时赶过来。看到液体已滴完了，儿子自己关了输液器。但紧接着，鲜红鲜红的血液就顺着针眼倒流到了输液器里。看到自己的鲜血毫无阻拦的越来越多地流出来，儿子吓得哇哇大哭……儿子是懂事的，他理解他的妈妈，并没有因妈妈对他的不管不问而记恨妈妈。令我稍感安慰的是，因为有这样的一个妈妈，儿子不仅早早地学会了自己的事情自己做，还承担起了力所能及的家务活。

为了学生，我倾情付出着。为了学生，我努力学习着。

“问渠哪得清如许，为有源头活水来。”我想成为孩子们的源头活水，将知识的甘泉不断地注入孩子们的心田，滋养他们的思想，润泽他们的生命，让这些祖国的花朵们开得更艳。

我知道，我的充电时间只能是夜晚。路遥说他的早晨从中午开始，套用这一说法，我的夜晚从凌晨开始。

夜深人静的时候，正是我读书、思考、写作的时候。读各种各样的书，反思自己的教育教学行为，思考这种行为能否找到相应的理论支持。这样一路坚持下来，不仅提高了自己的教育教学水平，使孩子们在40分钟的课堂上享受到学习的快乐，还提升了自己的理论水平及写作能力。看到自己的文章在《人民教育》《山东教育》《小学教学》等刊物上发表，曾付出的艰辛还算得了什么呢？

衣带渐宽终不悔，为伊消得人憔悴。汗滴润泽幼苗壮，喜得满园百花香。

吾愿穷毕生之精力，活出一个别样的“园艺人生”！